NOUVELLE-FRANCE

ET

NOUVELLE-ANGLETERRE

NOTES DE VOYAGE

NOUVELLE-FRANCE

ET

NOUVELLE-ANGLETERRE

PAR

TH. BENTZON

(Mme BLANC)

PARIS

CALMANN LÉVY, ÉDITEUR

3, RUE AUBER, 3

1899

NOUVELLE-FRANCE

ET

NOUVELLE-ANGLETERRE

LES FEMMES DU CANADA FRANÇAIS

Avant de commencer à mettre en ordre les impressions que j'ai rapportées pêle-mêle du Canada, je voudrais dire comment il m'a été donné de les recueillir, comment j'ai pu voir et comprendre très vite beaucoup de choses en appuyant mes observations, nécessairement superficielles, sur des connaissances historiques que je n'avais certes pas acquises à Paris. Ce fut une bonne fortune inattendue qui me fit rencontrer l'un des représentants les plus distingués de l'Amérique française en la personne de M. l'abbé Casgrain. Nous venions de nous embarquer sur la

Champagne, nous n'avions pas encore quitté le Havre, quand, au milieu d'un nombre de passagers moins considérable que si le jour du départ n'eût pas été le 13, cette haute figure de prêtre qui arpentait le pont à grands pas déterminés, tout en causant avec un ami, fixa mon attention. Je dis prêtre, bien que mon compagnon de traversée portât l'habit civil, mais il y a je ne sais quoi qui trahit l'état ecclésiastique même chez un voyageur de profession comme l'est l'abbé Casgrain, lequel entamait bravement sa trentième traversée.

Ce pèlerin annuel aux pays d'Europe, ce passionné pêcheur de saumon, héritier de l'étonnante activité physique de sa race, est pourvu d'une activité d'esprit au moins égale. Il parlait avec animation en soulignant par des gestes expressifs un français plus fermement et plus lourdement prononcé qu'il ne l'est chez nous d'habitude, et je cherchais en vain à reconnaître dans les inflexions assez particulières de sa voix au timbre clair, l'accent de telle ou telle province. Cet accent non classé est tout simplement, on le croit du moins au Canada, l'accent du xviie siècle.

Évidemment je me trouvais en présence de *quelqu'un*. Grande taille, grands traits, lunettes noires abritant des yeux usés par la lecture des vieux manuscrits, la face rasée developpant une charpente osseuse énergique, les dents fortes et blanches qui se découvrent tout entières en parlant, les cheveux gris, épais et drus sous le chapeau haut de forme, l'air d'autorité naturelle et involontaire d'un homme habitué à inspirer confiance et respect : voilà en quelques coups de crayon l'abbé Casgrain.

J'entendais, à mesure qu'il passait et repassait, les noms qui, pour moi, ne représentaient rien encore, de Québec et de Laurier, la ville française par excellence et le ministre à la fois catholique et libéral, objet d'un double dévouement de la part de ce Canadien très éclairé, supérieur à toute étroitesse. Par la force de sa parole vivante et persuasive et aussi la plume à la main, l'abbé Casgrain a donné autant d'amis à son pays qu'il a eu d'interlocuteurs et de lecteurs dans une carrière déjà longue. C'est sa tâche en ce monde que de faire connaître et valoir le Canada français. Celui-ci est encore tout aux mains de l'Église ; de nombreux missionnaires continuent dans ses parties les plus lointaines à faire avancer pas à pas la civilisation parmi les sauvages ; les écoles sont au pouvoir des prêtres et des religieuses ; les archives complètes de tous les villages, documents uniques et sans prix, leur appartiennent ; le clergé garde la clef de tout, et les historiens protestants comme Parkman l'ont bien compris. Rien n'est possible sans son intermédiaire. Or, entre les guides compétents à titres divers qu'il aurait pu me fournir, j'eusse choisi l'abbé Casgrain, docteur ès lettres, professeur d'université, membre de plusieurs sociétés savantes tant en France qu'en Amérique, biographe de Montcalm et de Lévis, compilateur patient des précieuses archives de l'Hôtel-Dieu de Québec, lauréat de l'Académie française pour l'attachante histoire des Acadiens qu'il a intitulée, se souvenant de Longfellow : *Pèlerinage au pays d'Évangéline.* Un hasard, auquel il prétend avoir aidé un peu, le plaça dès le premier soir de la traversée à la table où je me trouvais. Il eut vite fait de se déclarer lecteur assidu de la *Revue des Deux Mondes;* tel fut le début de ce que je lui demande respectueusement d'appeler notre amitié. Ce que j'ai vu et appris au Canada, c'est beaucoup grâce aux facilités qu'il m'a généreusement procurées. Chez lui et dans son entourage immédiat j'ai rencontré les personnalités les plus marquantes de cette province de Québec, française autant pour le moins que la France elle-même.

Je tiens à l'en remercier sous forme d'avant-propos, d'abord pour avoir le droit de lui dédier mes souvenirs et aussi pour n'être pas forcée de revenir à chaque instant, comme il le faudrait sans cela, sur ce que j'ai puisé dans le trésor toujours ouvert de ses renseignements.

Ayant dit à M. Casgrain que je pensais continuer au Canada des études déjà commencées sur la condition des femmes en Amérique, il me donna cet excellent conseil : « Visitez d'abord les couvents. »

Bien entendu, ce fut lui encore qui me fit pénétrer dans ces retraites closes, et, après examen attentif, je déclare qu'avec d'essentielles différences dans leurs moyens d'action et avec un but qui n'est certes pas le même, les Américaines du Canada ont exercé et exercent encore une influence sociale tout aussi grande que leurs sœurs des États-Unis; mais les plus intéressantes d'entre elles sont assurément les religieuses. Le prestige qu'elles ont hérité de leurs grandes ancêtres spirituelles, le rôle actif que ces dernières jouèrent dans la fondation de la colonie, le pouvoir indiscuté qui en résulte pour les religieuses d'aujourd'hui et l'attitude particulière que leur donne le sentiment de cette force, les souvenirs émouvants, les glorieuses annales dont elles sont les gardiennes, le mélange dans les cloîtres comme ailleurs des deux nationalités anglaise et française, le voisinage de la liberté américaine proprement dite qui, — je l'avais déjà remarqué tant à Baltimore qu'à New-York, — ouvre de certaines fenêtres sur des horizons plus vastes que ne le comporte dans nos vieux pays l'état monastique, tout cela contribue à les placer très haut, même au point de vue purement humain. Je commencerai donc par une visite dans quelques couvents cette étude de la Canadienne.

A l'Hôtel-Dieu de Québec ce sera même autre chose qu'une visite, car j'y ai vécu, quittant, pour me rapprocher de la duchesse d'Aiguillon et de ses protégées, les splendeurs du château Frontenac, l'une des plus magnifiques auberges qui soient au monde. Ce qui me conduisit chez les Hospitalières fut justement le goût que m'avait inspiré un livre de l'abbé Casgrain [1],

1. *Histoire de l'Hôtel-Dieu de Québec*, par l'abbé H.-R. Casgrain, Montréal.

puis, ayant pénétré dans la place, j'y revins comme malgré moi.

Jamais je n'oublierai cette première entrée au parloir. Je ne vis d'abord que la grille de clôture et, en face, attaché à la boiserie, le portrait de la bienfaitrice de l'endroit, une belle gravure ancienne qu'entouraient les noms de *Très haute et très puissante dame, Marie de Vignerod, duchesse d'Aiguillon*. Mais dès que deux religieuses étrangement semblables, dans leurs vêtements blancs amples et majestueux, à mes chères amies du Louvre, immortalisées par Philippe de Champaigne, eurent paru derrière la double grille, tout s'évanouit pour moi, sauf ces deux intéressants visages : l'un vermeil, animé, rayonnant de bienveillance et de franchise, l'autre d'une blancheur d'albâtre transparent, éclairé par un regard et un sourire que je ne rencontrerai plus jamais en ce monde, une mère Agnès qui porte au Canada le nom de Saint-André. Nous causâmes simplement de tout, à travers les noirs barreaux, comme nous l'aurions fait dans un salon, et ma première impression s'affermit; je sentis qu'une occasion unique se présentait pour moi de pénétrer au cœur même de la Nouvelle-France telle que la façonna, bien plus que ne le firent jamais gouverneurs ni intendants, ce triple pouvoir qui abordait le 1er août 1639 à l'île d'Orléans, en vue de Québec, entassé, on peut le dire, dans la pauvre petite barque de maître Jacques Vastel : « un collège de Jésuites, un couvent d'Ursulines et une maison d'Hospitalières ». En tout, treize personnes, y compris un frère et une brave suivante qui s'était engagée à servir dix ans pourvu qu'à la fin lui fût donné l'habit de sœur converse.

On sait comment s'était produit l'exode extraordinaire de ces missionnaires des deux sexes. La duchesse d'Aiguillon, malgré ses boucles flottantes, les guipures de son corsage et sa toilette de cour, était une veuve chrétienne qui avait essayé de la vie des Carmélites. Forcée par sa frêle santé, plus encore que par la volonté d'un oncle auquel on ne résistait guère pourtant, que l'on fût ou non sa nièce, car il se nommait le cardinal de Richelieu, forcée par un double motif à rentrer dans le monde, elle s'en consolait en accomplissant des œuvres de piété innombrables. Son intérêt se portait particulièrement sur les missions, ce qui ne peut nous surprendre puisqu'elle avait saint Vincent de Paul pour directeur; d'ailleurs les pages, palpitantes d'enthousiasme, de la *Relation des*

Jésuites arrivaient à Paris pour y enflammer dans les couvents toutes les imaginations, et pour répandre dans les cercles mondains une émotion singulière égale à celle qu'eût pu causer un beau roman de chevalerie. Or le père Lejeune, placé à la tête des missions de la Nouvelle-France, avait écrit, dans le style un peu fleuri et précieux qui lui était propre, que non seulement un grand nombre de religieux s'empressaient vers le froid et lointain pays où ils savaient trouver l'air du ciel, mais qu'un nombre non moins grand de religieuses ne d'manderaient qu'à les rejoindre pour secourir les pauvres filles et les pauvres femmes des sauvages.

« Hélas! s'écriait-il, voilà des vierges tendres et délicates prêtes à jeter leur vie au hasard sur les ondes de l'Océan et on ne trouvera point quelque brave dame qui donne un passeport à ces amazones du Grand Dieu? »

On trouva deux de ces braves dames. La première qui se déclara prête fut madame de la Peltrie, la plus romanesque, la plus séduisante, la plus imprudente aussi des âmes dévotes. Restée veuve de très bonne heure et pressée par son père de se remarier, elle avait repoussé tous les prétendants d'abord, puis offert hardiment sa main à un M. de Bernières, trésorier de France à Caen. Celui-ci joignait à toutes les qualités qui font un homme aimable et un galant homme une piété très rare. Avertie qu'il avait fait vœu de chasteté, la jeune veuve, liée vis-à-vis d'elle-même par le même vœu, le choisit pour la protéger contre les persécutions paternelles. Il accepta ce rôle délicat et la seconda peu après dans une héroïque entreprise, restant en France comme son mandataire dévoué, tandis qu'elle frétait un navire pour aller consacrer sa grande fortune et sa personne exquise au salut des sauvages.

Le mystère de cette union, simulée entre deux êtres dignes l'un de l'autre, n'a jamais été complètement pénétré ; ils ne se revirent plus après un suprême adieu dans la rade de Dieppe où madame de la Peltrie s'embarqua le 4 mai 1639 avec trois religieuses Ursulines de Tours : mademoiselle de la Troche-Savonnières, partie malgré les supplications de sa famille, la mère Cécile de Sainte-Croix, accourue au dernier moment ; et cette Marie de l'Incarnation, tant de fois appelée, depuis Bossuet qui, le premier, la salua de ce nom, la Sainte-Thérèse de la Nouvelle-France. Veuve comme madame de la Peltrie, mais née dans d'autres sphères sociales, cette sublime visionnaire s'était détachée impitoyablement, pour prendre le voile, d'un fils unique qu'elle remit au départ entre les mains de Dieu sans vouloir entendre ses prières, ses reproches, ni la menace désespérée qu'il lui avait faite de se perdre, tandis qu'elle irait prodiguer à des inconnus l'amour qu'elle lui devait, menace rétractée à la fin, puis expiée dans l'exercice de toutes les vertus par celui qui devait devenir lui-même un religieux plein de mérite, dom Claude Martin.

Tandis que, sous les auspices de madame de la Peltrie, se formait le noyau du premier couvent de femmes qui dut exister au Canada, la duchesse d'Aiguillon prenait de son côté l'engagement de dédier un hôpital « au précieux sang du Fils de Dieu répandu pour faire miséricorde à tous les hommes ».

En effet, ce sont bien là les mots inscrits en abrégé au-dessus de la porte principale des grands et superbes bâtiments qui représentent aujourd'hui à Québec cet asile de la charité.

Le cardinal joignit ses largesses à celles de sa nièce, et la compagnie des Cent Associés, qui gouvernait alors la colonie, réserva aux nouvelles venues sept arpents et demi de terre dans l'enclos de Québec[1], plus un fief aux environs.

Restait à choisir l'ordre. Les Augustines de Dieppe, dites religieuses de la Miséricorde de Jésus, dont l'origine remonte au XII° siècle, parurent prédestinées à cet honneur. On en délégua trois, parmi lesquelles la mère de Saint-Ignace, maladive, infirme, mais d'une énergie plus forte que toutes les souffrances, fut élue supérieure bien qu'elle n'eût que vingt-neuf ans ; il est vrai que ses deux compagnes étaient encore plus jeunes : la mère de Saint-Bernard, une contemplative, abîmée dans la vie intérieure, ce qui ne l'empêcha pas de servir, avec les autres, de manœuvre aux maçons et aux charpentiers, quand il le fallut, pour qu'avançât plus vite la construction de l'hôpital ; et la mère de Saint-Bonaventure, innocente comme un petit enfant, puisque depuis l'âge de huit ans elle n'était point sortie du cloître, si jolie que ni les fatigues, ni la vieillesse ne purent jamais l'enlaidir, et que les sauvages extasiés l'appelèrent jusqu'au bout la gentille vierge. Toutes les trois se joignirent aux Ursulines qui partaient de

---

1. Bien des rues s'y sont ouvertes depuis, sans rien coûter à la ville. Et, malgré son extrême libéralité, la communauté entend à merveille l'administration de ses biens, séparés pour le bon ordre de ceux des pauvres.

Dieppe sous la protection de quelques pères jésuites. Ce fut le commencement entre ces représentantes de l'éducation et celles de la charité au Canada d'une alliance intime qui ne faiblit jamais. Les unes, dès qu'un désastre venait à les frapper, se réfugiaient chez les autres, et le pacte qui les unit est encore aujourd'hui affectueusement gardé.

Le départ eut lieu avec éclat, la reine Anne d'Autriche leur promettant sa protection, la duchesse d'Aiguillon envoyant un gentilhomme pour assister à l'embarquement, de très nobles dames se faisant honneur de conduire les voyageuses au port dans leurs carrosses et toute la ville formant cortège, ce qui n'empêcha pas la petite flottille qui portait la fortune spirituelle de la Nouvelle-France de courir les plus grands dangers : mer démontée le premier jour, poursuite des croisières espagnoles, tempêtes répétées, rencontre d'une énorme banquise, quasi naufrage à l'entrée du golfe Saint-Laurent. Enfin, après deux mois et demi de périls presque incessants, on jeta l'ancre à Tadoussac, d'où Jésuites, Ursulines et Hospitalières prirent la première barque qui partait pour Québec. Ce méchant bateau fort incommode leur fit faire ce que j'ai envié tout le temps de mes excursions trop rapides sur le Saint-Laurent, un voyage d'été à petites journées avec campement le soir dans les bois au pied des Laurentides. Les caps qui forment la côte nord entendirent chaque matin des voix virginales monter vers le ciel, tandis que la messe était célébrée à la face du soleil levant. C'est la dévote idylle qui de Tadoussac à Québec nous apparaît à travers d'autres scènes moins douces ; les échos du grand fleuve doivent retenir ces cantiques de l'aube avec le terrible cri de guerre des sauvages, le rugissement du canon, et le pétillement des mousquets.

Quelles salves joyeuses retentirent lorsque les religieuses abordèrent la terre promise, en la baisant à genoux ! Les Indiens étaient enfin forcés de se rendre au miracle qui, depuis longtemps annoncé, les avait laissés incrédules. Des filles vierges « qui n'avaient pas d'hommes ni d'autre époux que le Grand Esprit », venaient prendre soin d'eux dans leurs maladies, élever leurs enfants, les secourir, les aimer sans les connaître. Elles en donnèrent la preuve aussitôt. Les Ursulines reçurent toutes les petites néophytes qu'on voulut leur confier dans une méchante masure de la basse ville.

Les Hospitalières, un peu mieux logées, remplirent une tâche plus dure encore. La terrible picote, la petite vérole, fléau de la race indienne, sévissait avec la dernière violence, et une malpropreté sans pareille aggravait la maladie presque toujours mortelle. Au milieu de miasmes suffocants, les religieuses soignaient ces pauvres êtres, se dépouillant pour les panser de leurs guimpes et de leurs bandeaux, car ils n'avaient en fait de linge que des peaux de bêtes. Ensuite les trois hospitalières, renforcées par des recrues nouvelles de France, eurent à garder pendant la saison de la chasse les enfants, les vieillards, et ces infirmes qu'auparavant les sauvages tuaient à regret, ne pouvant les emmener avec eux. La reconnaissance des chasseurs s'exprima au retour par le don des meilleurs morceaux d'orignal ou de castor, faute desquels les pauvres femmes seraient peut-être mortes de privations, bien que le Gouverneur supprimât parfois de son ordinaire, pour leur en faire hommage, quelque volaille gelée.

Québec, rendu depuis peu d'années à la France par le traité de Saint-Germain, n'était encore qu'un village de deux cent cinquante âmes enveloppé de forêts; on y manquait de tout

Les Hospitalières, à la demande des sauvages convertis, groupés dans l'établissement qu'avait organisé pour eux le commandeur de Sillery, allèrent habiter l'endroit de ce nom à une lieue de la ville ; mais les tentatives des Iroquois, résolus à enlever « les filles blanches », décidèrent de leur retour à Québec. Là elles durent se contenter de misérables logements d'emprunt, jusqu'à ce que, dans l'hôpital enfin achevé, elles retrouvassent ce qui leur était si cher, ce qui leur manqua si souvent, la clôture. Les épreuves qu'eurent à subir depuis leur fondation ces premiers couvents canadiens semblent presque incroyables : tremblements de terre, sièges, bombardements, incendies, rien ne manqua. Quitte à revenir aux Ursulines, dans un autre chapitre sur l'éducation des femmes au Canada et le genre de société qu'elle a produit, je parlerai d'abord des Hospitalières, ces bienfaitrices de Québec.

Les voyez-vous, lors du bombardement de 1690 par les Anglais, ramasser en une seule journée, dans l'enceinte même du cloître, vingt-six boulets qu'elles font transporter aussitôt pour le service de nos batteries ? Les voyez-vous donner leur pain aux soldats, leurs planches et leurs madriers pour construire des redoutes ? Elles furent présentes aussi à la victoire, puis, après la joyeuse célébration d'un premier centenaire où leur repos semblait assuré, tout brûla chez les sœurs ; elles étaient campées tant bien que mal dans la maison des Jésuites quand la guerre dite de Sept ans s'annonça pour elles par l'invasion de maladies pestilentielles qu'amenèrent les troupes. La reconstruction du monastère marchait vite cependant, grâce aux quêtes et aux collectes ; sans retard aussi les bâtiments neufs furent consacrés par le martyre obscur de plusieurs religieuses mortes d'épuisement et de fièvre au lit des malades.

En 1759, le siège de Québec les força de s'exiler hors des murs. Durant deux mois, nous disent les historiens, la ville fut exposée à une pluie de bombes sans presque pouvoir y répondre à cause de la rareté du matériel de guerre.

Les Hospitalières rentrèrent tristement à Québec jonché de ruines et tombé au pouvoir des Anglais. Les soldats remplissaient leur maison. Un instant encore elles espérèrent échapper au joug de l'étranger hérétique ; Lévis avait remporté la victoire de Sainte-Foy à la tête des milices canadiennes, mais la France ne lui envoya pas le secours sur lequel il comptait; c'en était fait, le Canada restait à l'Angleterre. Et alors se produisit quelque chose de quasi miraculeux. Il se trouva une duchesse d'Aiguillon, petite-nièce de la fondatrice, pour intéresser aux Hospitalières, lord Chatham, ministre d'Angleterre, qui les traita avec une générosité inattendue. Leur force d'âme et leur industrie vinrent à bout des autres difficultés.

Le nouveau siège de Québec par les Américains les alarma une fois de plus; elles se trouvèrent relativement heureuses quand, le couvent ayant cessé d'être une caserne, elles purent reprendre en paix l'exercice de leur vocation.

Depuis lors elles ont vécu comme je les ai vues vivre pendant mon inoubliable séjour sous leur toit, entourées du respect et de l'affection de tous : une atmosphère d'héroïsme autant que de sainteté les enveloppe et il est facile de comprendre le genre d'enthousiasme qui amena dans leurs rangs tant de filles des meilleures familles. Elles représentaient tout de bon, selon l'expression du père Lejeune, les amazones de la charité, mêlées d'ailleurs à tous les grands événements, recevant chez elles au débarqué cet hôte illustre, le père de l'Église canadienne, monseigneur de Laval, de la maison de Montmorency, considérées par le Gouverneur et par les Intendants, suivies de loin d'un regard d'admiration par les amis haut placés qu'elles comptaient en France : les Richelieu, les Condé, les Fouquet, les Lamoignon et bien d'autres.

Leurs exemples de dévouement furent contagieux même dans les rangs de la société laïque. Lorsque le régiment de Carignan, venu en 1665 avec le vice-roi, marquis de Tracy, apporta une terrible épidémie de fièvres malignes contractées pendant l'expédition aux Indes occidentales, les dames de Québec partagèrent jour et nuit les dangers et les travaux des religieuses. Ajoutons que ces infirmières improvisées n'eurent pas affaire à des ingrats : ce qui survécut d'une troupe d'élite, renforcé par deux compagnies envoyées de France, resta au Canada et y fit souche.

J'ai subi pour ma part l'ascendant singulier qui se dégage du contact des Hospitalières de Québec, contact bien rare cependant, car elles sont si constamment occupées de leurs malades que l'une d'elles m'avouait n'avoir pas eu le temps depuis des mois de descendre un seul instant dans le jardin. Mais on a la fréquente vision de ce voile noir qui passe toujours, on le sait, en route vers une mission de pitié. Ces visages que ne frappe jamais l'air ni le soleil, si blancs sous le fin bandeau qui, cachant le front et encadrant les joues, leur prête une apparence de jeunesse éternelle, vous imposent le calme, un calme qui est d'ailleurs tout le contraire de mélancolique, car jamais je n'ai rencontré de personnes aussi satisfaites de leur sort. Et de temps à autre, quand deux d'entre elles auxquelles je reviens toujours, s'oubliaient un peu à causer, j'étais ravie de la grâce de leur esprit, de leur vive compréhension des choses qui devaient leur être le plus étrangères.

— C'est, me disait l'une d'elles dont je tais le nom parce qu'elle ne me pardonnerait pas de la faire parler et agir dans ce récit profane, c'est que nos malades nous apportent le monde en abrégé. La souffrance étant au fond de tout pour les plus riches et les plus heureux, nous en savons très long par l'intermédiaire des misérables.

Elles m'avaient logée dans une grande chambre blanchie à la chaux, commode et bien chauffée, dont les deux fenêtres très hautes, aux lourds volets de bois brun, au double châssis vitré, donnaient sur le Saint-Laurent. Je partais de là pour explorer les curiosités des environs; pour aller voir à Lorette les derniers Hurons ou pour reconnaître en Sainte-Anne de Beaupré une succursale de Sainte-Anne d'Auray; pour rendre aussi des visites en ville, comme si j'eusse été tout de bon naturalisée Québecquoise. Les jours de pluie, je les passais à lire, ayant sous la main toute une bibliothèque canadienne que m'avaient composée des amis : l'excellente *Histoire du Canada* en trois volumes de Garneau, les *Poésies* d'Octave Crémazie, ce libraire de la rue de la Fabrique chez qui tous les esprits distingués de Québec se donnèrent longtemps rendez-vous, très fin lettré lui-même, et avant tout patriote.

Il a chanté :

> ... Les jours de Carillon
> Où, sur le drapeau blanc attachant la victoire,
> Nos pères se couvraient d'un immortel renom
> Et traçaient de leur gloire une héroïque histoire.

Je me plongeais aussi dans le charmant roman de M. de Gaspé, *les Anciens Canadiens*, où revit la société de la Nouvelle-France sous la plume piquante et facile de ce gentilhomme d'autrefois, lequel à ses qualités de conteur joignait les mérites d'un patriarche, car il laissa cent quinze enfants et petits-enfants. D'autres livres encore appartenant à la littérature locale et plus intéressants par le fond que par la forme souvent incorrecte, furent feuilletés le soir à la clarté d'une modeste petite lampe. Je devrais parler surtout des manuscrits précieux, annales de l'Hôtel-Dieu, lettres jaunies, parchemins vénérables tirés des archives des religieuses et que celles-ci me permirent de regarder.

Il n'était pas jusqu'à l'heure du repas frugal servi trois fois par jour dans le réfectoire des pensionnaires, qui ne me fournît quelques sujets d'étude. Ces veuves et ces demoiselles à demi retirées du monde me faisaient, tout en causant, pénétrer à leur insu dans l'intimité du pays. L'esprit catholique et français s'y affirme partout, chez les plus humbles comme chez les plus intelligents ; j'étais seule étrangère et je n'avais nullement le sentiment de l'être ; il me semblait avoir élu domicile dans un couvent de Bretagne ou de Normandie, au milieu d'excellentes dames de province. Autour de nous glissaient les sœurs converses de leur pas léger, versant les boissons anodines qui remplacent le vin, servant de petits plats que je trouvais délicieux, surtout depuis qu'étant entrée un matin dès l'aube dans l'office j'avais trouvé la sœur Saint-I... à genoux comme le bon frère que Murillo a élevé au-dessus de terre dans le ravissement de l'extase, tandis que les anges font la cuisine à sa place.

Mais le plus beau moment de la journée était l'heure des grands couchers de soleil qui incendient le Saint-Laurent. Je sortais sur le balcon de bois, occupant toute la longueur du bâtiment énorme où ma chambre était située, et je l'arpentais sans me lasser, perdue dans la beauté du spectacle et aussi dans d'interminables songeries que favorisait le calme argenté qui précède la nuit. Le port, les docks, les bassins, le bâtiment pseudo-grec de la douane, tout cela s'enveloppait peu à peu d'ombre et de silence. On ne voyait plus le drapeau anglais flotter au-dessus de cette ville française, anomalie choquante pour moi seule d'ailleurs. Nous ne pouvons qu'à grand'peine, ici où la haine de « la perfide Albion » est un trait national, nous rendre compte des deux sentiments, inconciliables à notre gré, qui existent chez les Canadiens. Ils restent sur beaucoup de points pareils à des Français d'avant 89, tout en acceptant un protectorat qui n'a rien d'importun, sauf le devoir de se lever et de se découvrir quand retentit le *God save the Queen*.

Le poëte Fréchette a exprimé ce phénomène en vers dont je ne me rappelle que le sens. C'est un père qui fait l'éloge pompeux du drapeau anglais à son fils et qui l'invite à s'incliner devant lui. L'enfant écoute en silence, puis il dit timidement :

— Nous en avons un autre à nous?

— Oh! répond le père, celui-là il faut le baiser à genoux !

En effet le pavillon britannique déployé sur la citadelle n'offense personne, et cependant quand, pour la première fois depuis bien longtemps sous le second Empire, un navire de guerre français entra pacifiquement dans la rade de Québec, tous les villages ensemble vinrent de très loin saluer ceux qu'ils appellent toujours « nos bonnes gens ». Ce fut une allégresse générale ; on se disputait l'équipage pour lui faire fête. Un vieillard, retenu dans son lit par la maladie, voulut qu'on lui amenât un des officiers et, le priant de se mettre en pleine lumière, le regardant longuement avec attention, il lui dit ces paroles touchantes :

— Que je voie les yeux qui ont vu le vieux pays !

Le Canada me fait penser à de certaines veuves qui, après un orageux mariage d'amour, trouvent dans leur seconde union la sécurité, la paix, beaucoup d'avantages matériels et qui répondent à de bons traitements par une reconnaissance suffisante, mais dont le cœur, malgré tout, reste à celui qui, en dépit de ses torts, sut se faire adorer. Elles ne voudraient pas recommencer ce beau temps de la jeunesse, il leur a coûté trop cher ! mais elles soupirent en y songeant, et elles regrettent jusqu'à leurs souffrances.

Je pensais à ces choses et à bien d'autres, durant mes promenades du soir, accompagnée par le bruit régulier de mon pas sur les planches. Quelque curieux regardant, du fond de la rue en précipice, la haute masse des bâtiments de l'Hôtel-Dieu, m'eût sans doute prise sous mon manteau à capuchon pour une recluse ou pour une malade.

Des malades je n'étais pas très loin, en effet, quoique les appartements réservés aux pensionnaires soient tout à fait distincts des différentes salles. Bien des fois, en allant au téléphone correspondre avec mes amis de la ville, j'ai traversé l'une d'elles, celle où sont transportés les malades dont l'état ne laisse plus d'espoir. Eh bien, au bout de très peu de temps, j'avais cessé d'éprouver l'horreur que l'on suppose. Il faut habiter un hôpital pour sentir combien se modifient vite dans cette atmosphère nos notions courantes sur la mort et sur la vie ; pour voir combien tout ce que nous redoutons le plus dans l'inévitable fin est, après tout, simple et facile ; et pour comprendre une bonne fois, dans sa logique sublime, la vocation de ces femmes tout ensemble sœurs et mères, comme l'une d'elles le disait affectueusement devant moi à un pauvre diable qui lui demandait, en la remerciant, duquel des deux noms il devait l'appeler.

Cependant, si le local de l'Hôtel-Dieu proprement dit m'était familier, le domaine particulier des religieuses, l'autre côté de la grille me restait inconnu. Tout près de la communauté, en rapport quotidien avec quelques-uns de ses membres, j'étais séparée d'elle par ce que je sentais être une barrière infranchissable autant que celle qui sépare le temps de l'éternité.

Une permission, demandée en haut lieu, me permit à la fin de mon séjour de pénétrer chez mes saintes amies et ce fut avec une véritable émotion que je franchis la porte défendue qui ferme la partie la plus ancienne du monastère.

Ce bâtiment vénérable est aimé des religieuses par-dessus tout : elles ne se résignent pas à occuper les cellules de l'aile neuve. Nous gagnons vite le vieil escalier dont les marches sont formées de madriers indestructibles, avec une rampe massive, des balustres équarris en bois, de lourds pendentifs et un grand trou creusé par un boulet lors du siège de 1759. On n'a pas voulu le réparer en même temps que d'autres dégâts afin qu'il pût porter témoignage du péril couru. Aujourd'hui encore les Hospitalières se servent, en guise de *pesées*, de presses pour la lessive, des fragments de projectiles qui labouraient dans ce temps-là les cours, les jardins, les murs d'enceinte. Au sommet de l'escalier se trouve la cloche chargée de réveiller dès quatre heures du matin les habitantes des cellules ouvrant à droite et à gauche sur un large corridor. Le nom de chacune d'elles est au-dessus de la porte. Si la maison en général avec ses murs blanchis, ses planchers nus, son ameublement sommaire se défend toute espèce de luxe, la recherche de la pauvreté est ici plus sensible que partout ailleurs.

Les très petites cellules, toutes à peu près de même dimension, ne renferment qu'un lit étroit et bas enveloppé de cotonnade grise et marqué, parfois, d'une inscription comme celle-ci : « Dieu seul. » Un buffet supportant le bassin et la cruche, une chaise, un prie-Dieu surmonté du crucifix, voilà tout. Pour ne pas s'attacher à ces objets, les religieuses changent de chambre presque tous les ans. Même austérité dans le vaste réfectoire où une antique vaisselle d'étain est encore en usage. La princesse Louise d'Angleterre, visitant la clôture, voulut, me dit-on, manger la soupe dans ces curieuses écuelles à oreilles. Un tour fait communiquer le réfectoire et les cuisines, vastes comme nos anciennes cuisines de châteaux avec d'énormes solives au plafond et toutes dallées de pierres noires inégales ; les vieux usages y sont immuablement gardés, celui de la chandelle, par exemple, qui cède difficilement à l'innovation de l'huile de charbon. Mais une propreté exquise règne partout. Quelques tableaux anciens, des miniatures sur cuivre et de très belles estampes, présents de la duchesse d'Aiguillon ou d'autres grandes dames, décorent les petites chapelles placées à intervalles réguliers dans une galerie qui règne sur toute la longueur du premier étage. A l'une de ses extrémités certaine armoire aux panneaux enluminés de paysages naïfs renferme une crèche exposée seulement au temps de Noël : des anges en robes de satin, avec d'amples perruques bouclées, planent au bout d'un fil au-dessus de l'Enfant Jésus, de la Sainte-Vierge, de Saint-Joseph et des animaux de l'étable. Toutes ces pieuses poupées vinrent de France sous Louis XIV. Un noël du grand siècle est annuellement chanté devant elles sur un air de menuet que me fait entendre l'une des sœurs.

On me montre à cette même place la châsse qui renferme quelques reliques d'une jeune Huronne morte en odeur de sainteté. C'est la seule sauvagesse qui ait jamais été admise à prononcer ses vœux; elle se nommait Scanud Haroï, devenue Agnès au baptême, et brûlait d'entrer dans la vie religieuse; mais le caractère inconstant de la race empêche généralement que ces sortes de vocation soint encouragées. Les obstacles les plus rudes furent donc opposés à Scanud Haroï; elle les surmonta tous, puis elle mourut, ayant obtenu comme grâce suprême de quitter ce monde en habit d'Hospitalière de la Miséricorde. Au-dessous du très joli reliquaire qui la rappelle se trouvent les tibias entre-croisés du pauvre père Lalemant, dont un tableau placé dans le corridor retrace l'épouvantable martyre. Pendant l'hiver de 1649, une armée d'Iroquois massacra la nation huronne qui était devenue chrétienne. Ces terribles ennemis du christianisme et de la France s'étaient emparés en même temps de deux Jésuites, les pères de Brébeuf et Lalemant, pour lesquels, dans leur haine contre *les robes noires*, ils inventèrent des supplices nouveaux.

Le père de Brébeuf était un géant parmi les missionnaires, un de ces gentilshommes normands athlétiques comme aimait à les peindre Barbey d'Aurevilly, sous les traits d'un abbé de la Croix-Jugan. On lui suspendit au cou un collier de haches rougies au feu, on l'enveloppa d'une ceinture de résine enflammée, on baptisa d'eau bouillante sa tête scalpée, on tailla sur lui des morceaux de chairs grillées et dévorées en sa présence, sans parvenir à lui faire pousser un cri. Jusqu'au bout, d'une voix ferme, il encouragea les malheureux Hurons qui partageaient ses souffrances. Quand on lui eut coupé la langue et enfoncé un fer rouge dans la bouche, il bénissait par signes, impassible toujours. Les Iroquois stupéfaits finirent par voir en lui un être surnaturel, ils lui arrachèrent le cœur et le mangèrent entre eux pour se pénétrer de son courage. Un buste d'argent envoyé de France par la noble famille de Brébeuf renferme aujourd'hui le crâne du martyr.

Dans la salle de communauté il y a quelques portraits intéressants, entre autres celui de la mère Duplessis de Sainte-Hélène, fille d'un trésorier au département des finances. Elle est en Sainte-Hélène impératrice, portant la croix : c'était une personne spirituelle et lettrée, qui, élue supérieure en des temps difficiles, s'acquitta noblement de sa tâche, forçant au respect les Anglais victorieux. Mais il semble que la défaite de la France lui ait brisé le cœur. En vain le général Murray lui imposat-il les soins du plus habile chirurgien de l'armée, rien ne put la sauver. Il reste d'elle un monument historique durable, les Annales de la communauté depuis leur origine. Elle fut chargée de cette compilation par la mère Juchereau de Saint-Ignace, dont le portrait, conservé dans la même salle, donne l'idée d'un visage énergique, au nez aquilin, aux grands yeux à fleur de tête pétillant d'intelligence.

Cette maîtresse femme, la première Hospitalière née au Canada qui soit parvenue au rang de supérieure, sut défendre contre tous, même contre un évêque, les droits imprescriptibles de la communauté. Chacun des portraits — ils sont en trop petit nombre — donne lieu à d'intéressantes explications ; le plus précieux est celui de la mystique mère de saint Augustin, car les Hospitalières la vénèrent comme font les Ursulines de leur grande Marie de l'Incarnation : ce sont les deux saintes de la Nouvelle-France. Catherine de Longpré, d'une noble famille de Normandie, promettait dès sa première jeunesse d'être romanesque et passionnée. Cette ardeur se reporta sur le service des pauvres ; elle quitta pour eux tout ce que la vie peut promettre d'enviable à une brillante héritière et prit à Bayeux le voile des novices, puis à seize ans elle alla en Canada se dévouer aux sauvages, ayant écrit avec son sang qu'elle y mourrait.

Cette enceinte de la clôture renferme d'autres portraits qui ne sont pas des portraits de religieuses ; dans un petit parloir, par exemple, je vois le cardinal de Richelieu à genoux devant un crucifix qui lui apparaît comme à saint François d'Assise. Je dis à mes guides que je ne connais aucun portrait de Richelieu dans une attitude aussi dévote. Elles saisissent l'ironie et me répondent tranquillement : — « Oui, nous savons ce qui a pu lui être reproché, mais pour nous il est le bienfaiteur de la communauté. Nous prions pour lui tous les jours. Il fut aussi un grand ministre. Peut-être vous en faudrait-il aujourd'hui de pareils. »

Auprès de son oncle se trouve la duchesse d'Aiguillon, très médiocrement peinte, en prière, sous un manteau d'hermine. Ailleurs, je reconnais la belle figure insouciante de Louis XV que les religieuses, comme tous les Canadiens, excusent de s'être montré dédaigneux des « quelques arpents de neige » où pourtant on l'aimait; toutes ses fautes sont rejetées sur la Pompadour. Puis nous rencontrons Marie Leczinska, victime plainte et respectée; le père Ragueneau, protecteur des derniers Hurons; l'intendant Talon, digne agent de Colbert, créateur du système administratif de la Nouvelle-France, ami puissant de l'Hôtel-Dieu. C'était un homme d'esprit; il eut un commerce épistolaire assez fréquent, où les petits vers jouaient leur rôle, avec la mère de la Nativité, une fine Bretonne qui tournait à merveille le sonnet et l'épigramme. Cet échange d'à-propos rimés charmait la société québecquoise.

On voit, sans que je le souligne, quelles

personnalités originales que n'étouffa jamais, comme on est disposé à le croire ailleurs, le joug pourtant très rigoureux de la règle, se trouvèrent réunies à différentes époques dans cette maison de la charité : grandes dames venues de France comme Catherine de Longpré, filles de fonctionnaires coloniaux ou d'officiers supérieurs comme la mère Duplessis de Sainte-Hélène et la mère des Méloises de la Vierge ; Canadiennes de la haute bourgeoisie comme la mère Juchereau de Saint-Ignace et tant d'autres. Ajoutez-y des figures d'exception comme les sœurs Gibson, filles d'Anglais protestants, recueillies dès le berceau, élevées dans le temple pour ainsi dire, sous l'aile des religieuses, et n'ayant pas connu d'autre famille ; ou antérieurement, la mère Davis de Sainte-Cécile, enlevée toute petite à son foyer de la Nouvelle-Angleterre, après des scènes de meurtre, par nos sauvages alliés, les Abénaquis, et passant, de la hutte où elle avait grandi, au couvent où elle arriva chaussée de mocassins, enveloppée de la couverture. Outre cela des filles d'habitants, sorties en masse de ces innombrables paroisses où s'est perpétué le sang le plus honnête de France.

Il y eut aussi un certain mélange de laïques,

dignes de rivaliser avec les religieuses ; telle madame d'Ailleboust qui édifia par ses vertus, peut-être un peu suspectes de quiétisme, Montréal et Québec. On dit qu'elle avait vécu dans l'état de virginité auprès de son mari, gouverneur de la colonie ; quoi qu'il en fût, une fois veuve, elle refusa successivement le gouverneur de Courcelles et l'intendant Talon qui recherchaient sa main, disposa de ses grands biens en faveur de l'Hôtel-Dieu et alla y finir ses jours. Cette excellente dame avait fondé sous les auspices de monseigneur de Laval la Congrégation de la Sainte-Famille qui subsiste encore à Québec et compte dans ses rangs la meilleure partie de la ville. Ainsi l'élément séculier et l'élément religieux se sont toujours trouvés ici en communication fréquente, les religieuses s'intéressant à la vie publique et le monde s'inspirant des exemples qui lui venaient des couvents.

Mes amies me font visiter en dernier lieu, à l'extrémité d'une vaste cour intérieure, leur cimetière particulier : toutes les petites tombes pareilles, avec des croix de bois uniformes, très basses, plantées côte à côte ; les plus anciennes ne portent pas même de noms. Ce cimetière étant trop exigu, on le déblaie de temps à autre pour faire de la place; tout près s'ouvre un ossuaire de l'aspect le plus saisissant où les têtes qui jadis portèrent le voile roulent éparses à l'état de crânes desséchés.

Nous sortons de la clôture par la sacristie de l'église conventuelle qui renferme deux bons tableaux de Zurbaran et de Stella, des ornements précieux d'étoffes anciennes et d'orfèvrerie et une collection de reliques rapportées de Rome.

Dans l'église même se trouve une célèbre statue, don anonyme et mystérieux fait, vers la fin du siècle dernier, par un marin sauvé du naufrage. Il s'acquitta envers Notre-Dame de toute Grâce, du Havre, en introduisant cette Sainte Vierge normande au Canada. Notre-Dame de toute Grâce fut sauvée des flammes lors du grand incendie ainsi que le crucifix outragé devant lequel les fidèles font une perpétuelle amende honorable en réparation du sacrilège dont il fut l'objet en 1742; le soldat coupable de cette profanation ayant été d'ailleurs conduit en chemise, la corde au cou et une torche ardente à la main devant la porte de l'église, après quoi le bourreau le fustigea dans tous les carrefours de la ville préalablement à trois ans de travaux forcés sur les galères du Roi

Crimes, répression, actes d'héroïsme, tout, dans ce curieux pays, a je ne sais quelle âpre saveur du moyen âge. Mais l'élément de tendresse et de miséricorde qui tempère des vertus trop rudes, de trop brutales énergies vient des religieuses. Voyez la mère de Saint-Augustin s'offrir en victime expiatoire pour les fautes d'un gouverneur tyrannique, le chevalier de Mésy ; écoutez Marie de l'Incarnation demander à Dieu, dans un élan de piété qui fait l'admiration de Bossuet, d'être condamnée à une éternité de peines, afin que sa justice soit satisfaite, ne se réservant rien que de l'aimer toujours.

D'où vient que les sauvages les plus hostiles à la France épargnaient parfois leurs prisonniers ? C'est que quelqu'un des leurs, une femme peut-être, avait été instruite chez les Ursulines ou bien avait pénétré dans les salles de l'Hôtel-Dieu. De loin, les filles blanches dictaient des sentiments d'humanité à ceux-là mêmes qui n'en savaient pas le nom.

L'impression que laissent les Hospitalières serait incomplète si l'on n'avait visité Sillery.

Sillery ! Quels tableaux ce nom évoque ! Derrière une ceinture de palissades un village indien. Deux ou trois barques déposent sur la plage les Hospitalières et les Ursulines arrivées de France la veille. Affluence émerveillée de Montagnais et d'Abénaquis autour des filles blanches, de celle surtout qui apparaît comme leur reine, madame de la Peltrie. Tout à l'heure elle sera marraine de plusieurs néophytes, elle couvre de caresses les enfants ébahis. Salves d'arquebuses, chants de triomphe, prières, cantiques accompagnant la pose de la première pierre de l'hôpital où viendront s'installer quelques mois après la mère de Saint-Ignace et ses sœurs. L'Anse du Couvent est le point historique le plus vénérable de tout le Canada.

Aucun site ne pouvait être mieux choisi. Les assises d'un cap avancé semblent faites pour porter le fort aujourd'hui disparu ainsi que l'hôpital, dont un orme gigantesque, planté sur les murs de fondation, continue de marquer l'emplacement. Au-dessous, sur les rives basses du grand fleuve qui contourne le promontoire de Québec et sa couronne murale, les pirogues pouvaient facilement aborder et les pauvres missionnaires pêchaient du poisson, l'hiver, à sept pieds de profondeur sous la glace ! Les bois environnants offraient des ressources pour la chasse, mais aussi des bêtes féroces entre toutes, les Iroquois, y rôdaient sans cesse. Ils s'avançaient jusqu'à un jet de pierre des palissades, emmenant, quand ils le pouvaient, les prêtres en captivité, scalpant, égorgeant, allumant des bûchers alentour. Le périlleux établissement de Sillery fut abandonné dès les premières années du siècle dernier ; on réussit très bien néanmoins à se représenter son aspect d'autrefois, quoiqu'il n'en reste que peu de traces, sauf la demeure des jésuites. J'ai trouvé celle-ci soigneusement entretenue ; les murs sont solides, les boiseries intérieures, les solives du plafond, la cheminée, une espèce d'alcôve où se dressait l'autel, rien n'a été changé. En face de cette humble maison, un obélisque élevé à la mémoire du père Massé, premier missionnaire au Canada, indique où fut l'église.

De là partirent en conquête d'âme tant de jésuites qui parfois revenaient mutilés, défigurés après des supplices affreux, comme le père Jogues par exemple, pour retourner toujours à leur tâche jusqu'à ce que mort s'ensuivît. Il faut se placer au point de vue strictement chrétien si l'on veut comprendre ces premières missions canadiennes dont l'unique but était de porter partout le baptême, car la civilisation qu'on leur proposait en même temps devenait vite fatale aux sauvages. Quand elle se montra le plus clémente, elle ne servit qu'à supprimer de fait ces êtres primitifs indissolublement liés au sort des grands bois et incapables de vivre ailleurs. Aujourd'hui encore, malgré les croisements avec la race blanche, ce trait caractéristique subsiste à peine atténué. Aux États-Unis les écoles indiennes de Hampton et de Carlisle semblent parfois réussir à tirer du Peau-Rouge l'étoffe d'un futur citoyen américain, mais en Canada les qualités d'origine résistent à toute culture. On me parle d'un métis qui, après des années d'études dans quelque séminaire, répondit lorsqu'on l'interrogea sur ce qu'il voulait faire : « De la viande, » c'est-à-dire chasser. La chasse se mêle toujours à l'idée qu'ils conçoivent de la félicité éternelle. Et qu'y a-t-il de plus païen au fond que ce mystère même de leur existence inséparable de la forêt ? Mais ce n'était pas la vie d'ici-bas que voulait leur assurer, en échange de leur propre martyre, le zèle ardent des missionnaires ; c'était le ciel. Le peu de prix qu'on attachait alors à l'existence humaine éclate dans tous les récits, se manifeste dans tous les événements.

A cette sublime insouciance s'ajoute le plus souvent un désintéressement sans égal. Je ne parle pas du clergé seulement ; la même foi vive anime, sous son impulsion sans doute, un grand nombre de laïques. Ici, à Sillery, on ne peut s'empêcher de penser au sieur de Maisonneuve, qui s'arrêta sur cette plage avant d'aller fonder Montréal dont il fut le premier gouverneur. Il était parti comme représentant d'une association toute religieuse, que menaient M. de la Dauversière, receveur des tailles à la Flèche, mauvais administrateur au demeurant, et M. Olier, le père des Sulpiciens. Aucun but d'ambition personnelle ne le pousse, il se déclare prêt à donner pour une grande entreprise de civilisation tous les biens qu'il possède au monde, sans autre récompense, ce sont ses paroles, « que celle de servir Dieu et mon roi dans les armes que j'ai toujours portées ». Avec ce pieux gentilhomme champenois et les quelque cinquante hommes, laboureurs et soldats, qui l'escortaient, était partie une courageuse fille, née en Champagne elle aussi, mademoiselle Mance. Grâce aux largesses de la veuve d'un surintendant des finances, madame de Bullion qui, de Paris, la protégeait, mademoiselle Mance devait créer l'Hôtel-Dieu de Montréal, desservi aujourd'hui encore par les sœurs de Saint-Joseph, qu'elle y établit en 1644. Et Montréal, en signe de reconnaissance, a réuni sa statue à celle de Maisonneuve dans le groupe central de la place d'Armes. Que seraient devenues ces colonies naissantes sans les femmes, toujours prêtes à panser les blessés, à soigner les malades?

A Sillery, où les nouveaux venus hivernèrent, une vive sympathie rapprocha mademoiselle Mance et madame de la Peltrie. Celle-ci se partagea même un instant entre Québec et, comme on disait alors, Ville-Marie. Cette dernière colonie était faite pour séduire plus encore que sa devancière les imaginations exaltées, car la première raison de l'existence de Québec avait été, en somme, le commerce des fourrures, tandis que les colons de Montréal ne se proposaient qu'une chose : inaugurer en Amérique un nouveau royaume de Dieu. Dans le zèle qui la transportait, madame de la Peltrie suivit l'aventureuse compagnie au petit poste que devaient sans relâche, durant plusieurs années consécutives, attaquer les Indiens. On eut peine à l'empêcher de pousser jusqu'au pays des Hurons pour y répandre elle-même la bonne nouvelle de l'Évangile.

Lorsqu'on voit le portrait de cette jolie femme, au sourire ingénu, aux longues paupières baissées, réunissant dans un type de la plus rare élégance toutes les délicatesses de la race, on a peine à se la figurer intrépide à ce point. Elle le fut cependant, parce qu'il y avait en elle le grain de folie qui seul nous permet d'accomplir de grandes choses sans consulter ni nos forces ni les circonstances.

A chacun des couvents de Québec semble confié le soin de garder une mémoire illustre. L'Hôtel-Dieu possède les restes du père de Brébeuf; la belle chapelle des Ursulines garde le corps de Montcalm couché dans la brèche faite, dit-on, par un boulet de canon; l'Hôpital général est tout à monseigneur de Saint-Vallier qui le fonda en 1692, empruntant pour cela de gré ou de force une douzaine de religieuses à l'Hôtel-Dieu. Si l'acte fut arbitraire, il a une grande excuse : la charité. Monseigneur de Saint-Vallier la ressentait à l'état de passion, les aumônes qu'il répandit furent sans mesure, il laissa ses grands biens aux pauvres vieillards invalides ou insensés auxquels l'Hôpital général devait servir d'asile et ne se réserva que d'aller mourir auprès d'eux, leur ayant tout donné. Il y a bien là de quoi effacer quelques erreurs de jugement.

Mon premier pèlerinage à Québec fut pour cette maison presque contemporaine de la fondation de la ville, car elle appartint d'abord aux Récollets appelés par Champlain. Du haut de l'Esplanade, on m'avait montré, au fond de la vallée qu'arrose la rivière Saint-Charles, les vieux bâtiments agglomérés, dont une partie remonte au temps où de bons frères mendiants reçurent sans méfiance les premiers jésuites. Eux aussi avaient accompli des œuvres admirables, fondé cinq missions s'étendant de l'Acadie au lac Huron, souffert le martyre; n'importe, leur gloire allait être effacée par de plus forts qu'eux. Frontenac les soutint cependant contre la domination envahissante de leurs invincibles rivaux, mais celle-ci, comme toujours, finit par l'emporter, aucune armée n'étant jamais arrivée avec la même sûreté que la compagnie de Jésus, à vaincre, à prévaloir en tous lieux et dans tous les temps, par le seul effet de l'obéissance passive et de l'immolation de l'individualité à un intérêt déclaré supérieur,

Avant de se retirer, les Récollets cédèrent à l'évêque de Québec leur maison située presque à l'endroit même où débarquèrent Jacques Cartier et ses compagnons. Là, plus encore que dans les autres couvents du Canada, les souvenirs belliqueux s'imposent. Pendant le siège de 1759, ce monastère, hors des murs, donne l'hospitalité aux Ursulines et aux religieuses de l'Hôtel-Dieu. Les pauvres sœurs assistent de leurs fenêtres au bombardement; elles voient se préparer la bataille décisive livrée dans les plaines d'Abraham. Lors de l'invasion américaine, les troupes ennemies sont longtemps cantonnées à l'Hôpital général. Et, à travers tout, les religieuses se dévouent à la souffrance humaine, suppléant à l'insuffisance de leurs ressources par toute sorte de travaux, y compris le rude travail des champs. Tant de mérite fut reconnu : le gouvernement anglais, comme avant lui le gouvernement français, leur accorda des subsides pour l'entretien d'un certain nombre d'invalides et d'aliénés [1]. Il y a maintenant cent soixante de ces vieillards. Dès le premier pas que l'on fait dans l'Hôpital, on se trouve au

1. Un grand asile spécial d'aliénés existe aujourd'hui au village de Beauport.

milieu d'eux. Ils sont là, mangeant, dormant, se traînant au soleil et soignés jour et nuit comme le seraient de petits enfants par des Augustines qui portent le même habit que celles de l'Hôtel-Dieu. Leur supérieure me reçoit d'abord à la grille, puis elle remet avec un certain cérémonial la clef de la clôture au personnage officiel qui m'accompagne; son accueil est plein de bonne grâce, de dignité simple. C'est une femme jeune encore, remarquablement intelligente. Elle nous fait entrer dans les salles de travail réservées aux femmes, où les moins infirmes s'occupent à coudre, à tisser, à tricoter; nous visitons tout ce grand refuge et aussi les rudes cellules des premiers Récollets et la chambre où sont pieusement gardés, — comme à l'Hôtel-Dieu les lettres de saint François de Sales, de saint Vincent de Paul, etc., — tous les précieux autographes légués par monseigneur de Saint-Vallier qui correspondit avec maintes célébrités de son temps.

Le fondateur de la maison est en peinture un peu partout : grands traits bizarres, irréguliers et sévères. Les moindres objets à son usage sont tenus en vénération. N'est-ce pas une immortalité enviable que celle de cet ami des pauvres qui, après s'être privé, dépouillé à leur profit tant qu'il vécut, reste encore parmi eux comme un bon génie, comme un père, objet de l'amour et des prières d'un groupe de saintes femmes consacrées à sa mémoire? Elles le servent en la personne de tous ces vieillards qu'il leur a recommandés de génération en génération et à jamais.

La maison que j'ai visitée à Québec avec le plus d'intérêt est l'asile du Bon-Pasteur. Il ne s'ouvre pas facilement aux personnes du dehors et je fus reçue dans les deux écoles élémentaire et académique très renommées que dirigent les Servantes du Cœur Immaculé de Marie, bien avant de franchir la clôture qui retranche du monde leurs pénitentes. Quelle troublante impression produisirent sur moi, la première fois que je les entendis derrière une porte close, ces nombreuses voix de femmes qui, d'un plaintif cri de détresse, appelaient l'action du Saint-Esprit : « *Esprit-Saint, descendez en nous !* » J'exprimai alors à la supérieure générale le désir de m'approcher d'elles. Encore une des femmes éminentes de Québec, cette mère Marie du Carmel, en qui sont réunies la distinction, l'autorité morale et par surcroît une beauté majestueuse rehaussée par les longs vêtements noirs, par la coiffe surtout, si pittoresque, qui encadre de blancheur tout le visage et forme sous le menton comme un large rabat. On remarquera que je parle souvent de belles et très belles religieuses ; il est vrai que je n'en ai jamais vu autant qu'en Canada, ce qui équivaut à dire que le type féminin y est beau en général et qu'une élite entre les femmes se donne à la vie de couvent.

Quelques jours après, je recevais un petit billet de la plus élégante écriture sur papier timbré aux armes de la Congrégation, qui m'autorisait à visiter l'établissement tout entier.

Comme celui dont mademoiselle Chuppin fut chez nous la fondatrice, il est d'origine laïque. Une pieuse veuve, madame Roy, devenue plus tard en religion la révérende mère Marie du Sacré-Cœur, sans fortune, sans instruction, sans influence, commença, dans une pauvre maison à peine garnie des meubles indispensables, à recueillir quelques repenties, et la première qu'on admit l'était si peu que madame Roy se crut en danger d'être assassinée par elle, ce qui n'empêcha pas l'amendement graduel de ce rebut de l'humanité. Vingt-six misérables furent de même arrachées au vice dans les deux premières années, cette personnification féminine du bon Pasteur de l'Évangile allant intrépidement les chercher au besoin jusque dans des repaires innomables. Il va sans dire qu'elle ne repoussait pas les plus dégradées quand elles se présentaient d'elles-mêmes, et tout cela sans ressources, sauf la charité publique qui fut d'abord récalcitrante, car l'œuvre était suspecte à cette population austère qui aujourd'hui encore ne s'intéresse qu'avec effort aux enfants trouvés. Des statistiques scrupuleusement contrôlées sont là pour établir que sur cent dix pénitentes que renferme le couvent où les entrées annuelles sont de soixante femmes environ, les quatre cinquièmes s'amendent. Si l'on joint à cela le bien accompli dans l'école voisine, école de réforme et d'industrie où plus de cent cinquante petites filles reçoivent un enseignement pratique, une bonne instruction élémentaire et sont initiées à tous les travaux du ménage, puis placées, la protection des religieuses les suivant sans relâche à travers la vie, on jugera que l'œuvre de madame Roy n'a pas été vaine. Le Bon-Pasteur de Québec compte aujourd'hui dix-neuf maisons, tant au Canada qu'aux États-Unis [1].

Je voudrais faire ressortir, par la comparaison avec ce que j'ai dit autrefois de la prison de Sherborn, près de Boston [2], la différence des deux méthodes protestante et catholique convergeant vers le même but. A ma grande satisfaction, il se trouva que les religieuses avaient eu connaissance de mon article sur Sherborn, et qu'elles avaient même emprunté quelques moyens ingénieux au système de Mrs. Johnson, l'habile directrice.

— Seulement, me dit la supérieure, nous ne croyons pas que les réformes doivent commencer par le dehors et peu à peu gagner le dedans ; c'est au dedans que nous nous adressons d'abord, et la confession nous est pour cela d'un grand secours. Quand, après les premiers mois d'épreuve et d'observation, nous

1. Les communautés canadiennes de différents ordres fixées aux États-Unis se proposent une mission toute patriotique, celle de veiller à ce que leurs compatriotes émigrés ne soient pas absorbés par d'autres races. Elles contribuent aussi à empêcher que prédomine sans mesure le catholicisme américain proprement dit qui est surtout représenté, on le sait, par l'élément irlandais.

2. Voir *les Américaines chez elles.*

suggérons à la pénitente ce moyen d'en finir avec son passé, il faut voir le changement soudain qui s'accomplit en elle, avec quel entrain nouveau elle recommence la vie comme sur une page blanche. Ah ! c'est une grande force que celle-là ! Il se peut que des rechutes surviennent. Nous leur disons bien qu'en ce cas nous ne les reprendrons plus, mais elles savent qu'il leur suffira de frapper pour qu'on leur ouvre encore. De fait, nous avons eu très peu de défections, si l'on considère qu'en quarante-sept ans d'existence plus d'un millier de ces pauvres filles est passé par nos mains.

Le couvent fondé rue de la Chevrotière à l'époque où le faubourg Saint-Louis, dont cette rue fait partie, passait pour mal fréquenté, se trouve maintenant à l'entrée d'un quartier neuf, peuplé de belles résidences que domine le monumental Palais législatif. Je suis d'abord introduite dans le parloir, dont la porte est surmontée d'une inscription significative : « La séparation en ce monde ne dure qu'un instant, la réunion au ciel est éternelle. » Ensuite nous passons dans les salles de différentes dimensions où travaillent par groupes les pénitentes, celles-ci à la lingerie, celles-là aux fleurs artificielles, à l'imprimerie, etc. Quelques-unes tissent l'étoffe rayée purement canadienne qu'on appelle *catalogne*. Il y a beaucoup de tailleuses qui coupent et cousent des habits religieux. Le silence est absolu, sauf pendant les deux heures de récréation ; mais à chaque heure qui sonne, une prière est faite à haute voix et une pénitente, tout en tirant l'aiguille, prononce ces paroles :

Encore une heure d'écoulée. — Encore un pas vers l'éternité. — Pour les pécheurs endurcis, c'est un pas de plus vers l'enfer, — pour les justes pénitents, c'est un pas de plus vers le ciel.

Puis un cantique, puis le silence et toujours le travail. Généralement, chaque groupe est sous la surveillance d'une ou deux *consacrées*. Les consacrées sont des pénitentes qui, choisissent de rester cloîtrées jusqu'à la mort, gardant auprès des religieuses l'attitude de Magdeleine auprès de la Vierge, liées comme elles par le triple vœu de pauvreté, de chasteté, d'obéissance, et ajoutant des austérités volontaires au régime rigoureux de la maison. Il y a de ces consacrées qui, depuis douze, quinze vingt-cinq ans, ne sont pas sorties de l'enceinte du Bon-Pasteur ; je les regarde avec un respect presque craintif, tant elles me paraissent surhumaines. Quelques-unes, au visage de cire, semblent demi-mortes déjà sous le vêtement noir qui les distingue de la foule en robes de cotonnade bleue. L'une d'elles, d'apparence particulièrement recommandable, tenait autrefois, il y a si longtemps qu'elle ne s'en souvient plus, un mauvais lieu ; d'autres vous parlent avec un sentiment d'horreur du temps qu'elles ont passé « dans le monde ».

Une seule consacrée, merveilleusement jolie, malgré l'affreux bonnet noir qui lui cache les cheveux, jeune encore, quoique depuis onze ans elle expie, grande, élancée, souriante et fraîche, conserve un air de fierté au milieu de tous ces visages ascétiques et pâlis. Elle se nomme Lizzie, elle est Écossaise, elle a passé de l'hôpital à l'asile, ce qui arrive assez souvent. Son histoire n'a rien de romanesque ; il y en a de plus curieuses, assurément, celle, par exemple, de cette fille si maigre dont les petits doigts légers chiffonnent lestement de la dentelle, et qui le dimanche accompagne à l'orgue les chants de ses compagnes. Un piano se trouve dans la chambre, et la supérieure l'engage à me faire un peu de musique. La voilà qui attaque brillamment de souvenir la partition de *Faust.* C'est une Parisienne enlevée par un amant qui l'a abandonnée en Amérique. Que l'aventure soit vraie ou fausse, l'expiation est là, terrible dans un pareil milieu et supportée, j'en suis témoin, avec une résignation enjouée. Peut-être la pensée que ce ne sera pas long y aide-t-elle un peu. La consomption ronge cette exilée seule de son espèce, mais non pas la seule poitrinaire, il s'en faut, parmi ses compagnes.

On me présente des épaves de tous les coins du globe, jusqu'à une Turque, dont il est impossible de ne pas remarquer en passant le teint basané, les grands yeux languissants d'Orientale. Elle est, pauvre fille, comme les oiseaux qui ne sèment ni ne moissonnent, je n'ose dire comme les lys des champs qui ne travaillent, ni ne filent. Personne ne la presse; sa lenteur, ses maladresses ont droit à l'indulgence. Elle vient de si loin, oubliée à quatorze ans dans un fossé par des saltimbanques. L'asile lui ouvrit ses portes, elle s'y réfugia, elle y est demeurée. C'est un peu « la jeune Captive ». Son parler zézayant et indécis me frappe; elle a presque oublié pourtant sa langue natale, mais il lui reste en mémoire quelques lambeaux de chansons, un chant de guerre, entre autres, qu'elle entonne avec une soudaine énergie. Bien entendu je ne cite que les figures originales, j'omets une majorité insignifiante de lourdes créatures à l'œil fixe, au sourire stupide, et les nombreuses personnes en tout pareilles à d'autres, réputées respectables, dont la physionomie trahit simplement le manque de volonté : tout dépend de l'empreinte mise sur cette cire molle et l'empreinte est bonne pour le moment. Une Anglaise, osseuse, brûlée par le gin, le regard fou, saute de joie quand on lui promet, faute de mieux, du thé, du thé très fort. Les religieuses me montrent une exaltée dont le repentir s'est trahi la veille à l'église, par des espèces de convulsions qu'elles surveillent attentivement, se méfiant de ce genre d'extase. Le personnel du Bon-Pasteur de Québec, tout en ressemblant sur certains points à celui d'autres maisons européennes de la même dénomination, est certainement plus pittoresque, plus varié qu'ailleurs. Où trouverions-nous, par exemple, cette négresse, une plantureuse négresse de la Nouvelle-Écosse, qui travaille dans le jardin, vêtue d'une robe blanche assez sale ?

— Elle raffole du blanc et des fleurs, me disent en riant les mères.

Et elles font signe à Mary-Jane. Celle-ci

s'approche avec l'humble joie d'un gros chien appelé par son maître. Sa large face lippue n'est que sourires.

— Voici une dame étrangère qui parle de nous amener une autre négresse, une jeune petite négresse, Mary-Jane.

Il faut voir le regard furibond qu'elle me jette !

— Une autre négresse ! Je ne serai plus la seule ! Non, non ! Je veux être la seule négresse ici.

Et je comprends vite que cette bonne grosse rieuse a son rôle très utile dans la communauté. Elle y apporte la note gaie. Ce rôle de bouffon, elle le joue depuis une dizaine d'années en toute innocence. Certes, elle est parfaitement inconsciente d'avoir couru jadis après les soldats et les matelots d'Halifax.

Pour dire quelque chose, je demande son âge.

— Je n'ai pas d'âge, répond-elle dans un éclat de ce rire nègre qui est le plus contagieux du monde. Je suis un enfant.

Les religieuses reprennent :

— Notre vieil enfant gâté.

Et de ses mains noires souillées de terre, Mary-Jane effleure tendrement leur voile, un pli de leur robe, avec l'humilité qui fera toujours dire à ceux qui ont le droit de prononcer de telles paroles : « Allez, vos péchés vous sont remis. »

Toutes ne sont pas aussi joyeuses. Une assez gentille brune, occupée à la reliure, a été amenée ici par son père. Elle pleure, tout en travaillant, et répond à une parole de bienveillance : « Commencez-vous à vous habituer un peu ? » par un hochement de tête révolté.

— Celles qui nous donnent le plus de peine, me disent les religieuses, sont les rebelles que leurs familles nous confient... Mais tenez, en voici une dont l'entrée a été singulière. Elle nous fut amenée à une heure indue par un jeune homme qui n'avait certes pas la mine d'un instrument de la Providence. Dieu le récompensera tout de même de sa bonne action.

A la cuisine, la supérieure demande à une grande fille hardie :

— Vous êtes toujours décidée à nous quitter, mon enfant ?

— Toujours ! répond l'autre d'un air de défi.

— Vous l'avez déjà dit bien des fois et vous êtes toujours restée. Réfléchissez encore un peu, ne vous pressez pas.

— Il y en a, reprend-elle tout bas, qui se placent en sortant d'ici dans des maisons honnêtes; il y en a qui se marient.

L'ordinaire des repas est copieux; là encore le régime du couvent catholique s'éloigne du pénitencier protestant, qui se propose scientifiquement d'atténuer les forces physiques.

— Pour bien travailler, disent les religieuses, il faut manger, et puis ces précautions humaines ne conduisent à rien; l'essentiel, c'est la bonne volonté qui attire sur nous la grâce de Dieu.

Elles ont de saintes audaces en vertu de ce principe. L'un des dortoirs, très grand, bien aéré d'ailleurs, est tellement encombré de lits, qu'il est impossible d'y circuler; on dirait une mosaïque formée par les couvre-pieds multicolores.

— Nous sommes un peu serrées ici, en effet, m'explique la sœur surveillante dont la couchette occupe l'un des coins de la chambre, — la place nous manque dans notre vieille maison. Oui, c'est presque scandaleux, mais la Sainte-Vierge leur fait la grâce, après la besogne du jour, de dormir comme des enfants.

Et, me montrant du doigt une statuette de

la Vierge, au pied de laquelle brûle une toute petite lampe :

— Cette lampe-là ne s'éteint jamais ; elles l'entretiennent volontairement à leurs frais.

A leurs frais ! L'huile de cette lampe gardienne payée avec les pauvres sous qui restent à la disposition des vierges folles, devenues sages. Comment n'être pas touché ?

Dans les sous-sols où l'on fait la lessive, ce n'est pas l'émotion qui me prend, tout au contraire. Je ne puis m'empêcher de rire devant ces robustes gaillardes, véritables types de bêtes de somme, taillées pour les gros ouvrages, les manches retroussées, clapotant dans leurs galoches mouillées et vêtues, comme des masques, de couleurs éclatantes. Plusieurs pièces de flanelle rouge ont été données à la communauté et utilisées ainsi en blouses, en sarraux. Ce luxe d'écarlate les ravit, elles s'agitent, pareilles à des homards cuits dans la buée épaisse qui se dégage des cuves ; une grande partie du linge de la ville est envoyée au Bon-Pasteur et les battoirs de s'escrimer devant les vastes auges où l'eau coule en se renouvelant. C'est un spectacle qui a manqué au cercle d'observation de M. Zola et dont il eût certainement tiré parti.

Nous achevons notre tournée par l'infirmerie. Je n'y vois que deux malades : l'une affreuse, les yeux retournés, presque moribonde, dans un lit bien blanc, avec une sœur à son chevet. L'autre est debout, parce que, me dit-elle en anglais, son corps n'étant qu'une plaie, elle souffre trop couchée. Et elle gémit comme un animal blessé. C'est une toute petite femme, au visage livide, d'une pâleur grise, aux traits ravagés, et, à travers cette laideur de la débauche, de la maladie, de la vieillesse anticipée, brillent de grands yeux bleus d'Irlandaise, limpides, pathétiques, extraordinaires sous leur frange de cils noirs, des yeux qui démentent tout le reste. Ah ! celle-là, combien de fois est-elle partie et revenue, après l'hôpital, après la prison ! Elle boit, et dans l'ivresse, il n'est rien dont elle ne soit capable. On la reprend, on la soigne quand même ; avant quelques jours, elle aussi mourra dans un lit immaculé, entourée de soins et de prières.

— Cette fois, me dit la supérieure, je crois que c'est fini tout de bon, qu'elle ne s'en ira plus.

Un vol de blondes tourterelles, voilà comment m'apparaissent les Sœurs grises de la

Charité à Québec, dans le jardin de leur maison. Elles ont le plus charmant habit du monde, d'un gris café au lait très doux, la jupe de camelot drapée comme celle des ménagères de Chardin, avec un camail noir à capuchon et, sous le petit bonnet de gaze noire, une bande de mousseline blanche qui forme sur le front un double rouleau. Toutes, qu'elles soient Canadiennes ou Anglaises, sont sveltes, minces, élégantes ; toutes me semblent jeunes, peut-être parce qu'elles meurent assez vite au rude métier qu'elles font ; éducatrices, gardes-malades, berceuses, embrassant tout le cercle de la charité, dirigeant avec cela un pensionnat très fréquenté par les jeunes filles de la bourgeoisie française et britannique. Quelqu'un leur disait devant moi :

— C'est entre vous une émulation repréhensible à qui mourra la première !

Et elles riaient sans dire non, pressées en effet de partir, par l'ardeur d'une foi inexprimable qui leur montre le ciel tout près, comme si elles n'y étaient pas dès ce monde !

A voir les grands bâtiments qu'elles occupent, avec de vastes cours plantées d'arbres et une superbe église, vous ne soupçonnez pas les difficultés qu'elles traversèrent, si pauvres que, bien souvent, au début, le repas sonnait chez elles sans qu'on eût rien à manger. Elles rendaient grâces et se retiraient l'estomac vide ; mais peu à peu les aumônes vinrent, non pas de grands dons comme en reçoivent les établissements de charité aux États-Unis, — on n'est pas riche au Canada français, — mais obole sur obole tombèrent dans le tronc de l'asile.

Si les sœurs vivent de peu, leurs enfants sont bien logés, bien soignés. J'en juge par les dortoirs, les classes, la salle de bains, la lingerie admirablement tenue depuis vingt ans par une infirme qui n'a qu'une main !

Rien chez les sœurs grises ne m'a intéressée autant que l'asile des garçons, Nazareth, situé en face du couvent même. C'est une ancienne caserne où les glacis abandonnés de la garnison servent de promenoir et, le jour où j'y suis reçue, l'école paraît encore singulièrement militaire. On m'introduit dans une longue galerie à l'entrée de laquelle un factionnaire de dix ans monte gravement la garde. Il y a là une brigade de gamins en train de faire l'exercice. Leur coiffure, leurs semblants de fusils, leurs sabres de bois les transforment en soldats. Ils défilent au pas gymnastique, précédés de trompettes qui, par un contraste amusant, — cette brigade représentant l'armée anglaise, — sonnent l'air éminemment français de *Mal'brough*. Toute la marmaille manœuvre en mesure sous les ordres d'un ancien sous-officier, anglais bien entendu, qui s'acquitte de cette tâche par reconnaissance, son frère ayant été autrefois élevé dans l'asile.

— La femme et les enfants de ce brave homme sont morts, me disent tous bas les sœurs, il a du chagrin et se distrait ainsi. Nos garçons se trouvent très bien de son enseignement ; ils y gagnent bonne tenue, bonne tournure, l'exercice les dégourdit, ils prennent au régime militaire des habitudes de discipline, d'obéissance, et aussi de responsabilité, car les officiers de notre petite brigade sont choisis parmi les sujets les plus méritants. Ils appliquent les ordres du chef, ils savent les peines méritées par telle ou telle infraction et ne laissent passer aucune peccadille. Tous prennent leur consigne au sérieux. Ils s'acquittent militairement des corvées de la maison ; plus tard on les verra soumis à leur patron, dans la vie civile, comme ils le seraient en cas de guerre à leurs officiers.

Tout ceci me paraît fort sage, mais le côté incongru, c'est le mélange d'Angleterre et de

France dans l'*entraînement* des petits Canadiens. Ils chantent à tue-tête en français le *On ne passe pas !* du *P'tit caporal*, tout en faisant l'exercice sans manquer au commandement jeté en anglais, bien que la plupart ne parlent que très peu ou même point du tout cette langue. Une religieuse anglaise s'efforce pourtant de leur apprendre ce que doit en savoir un féal sujet de la reine Victoria.

Regardant de loin les jeunes soldats, sans se mêler à eux, car on ne permet aucun contact entre lui et ses camarades, il y a un petit *consomptif* mélancolique, aux longs cils noirs balayant ses joues pâles, et deux jeunes Syriens d'apparence merveilleusement exotique. Des hordes d'émigrés Syriens sont venus peupler un faubourg de New-York et se répandre dans plusieurs villes des États-Unis, où ils font de menus commerces, mais j'ignorais qu'ils eussent pénétré jusqu'au Canada, meurtrier pour ces pauvres enfants du soleil.

On compte deux cents garçons à Nazareth ; il y a autant de petites filles dans le couvent. Elles me sont présentées en bel uniforme du dimanche, l'emblème du Sacré-Cœur sur la poitrine, dans la grande salle de réception. Toute la troupe est armée de bâtons et les exercices de callisthénie se succèdent avec un ensemble étonnant, comme les figures compliquées d'un ballet. Ce ne sont pas tous des enfants pauvres proprement dits ; beaucoup de familles trop nombreuses sont obligées d'avoir recours à l'asile ; la ville entière a des motifs de reconnaissance envers les Sœurs grises. Elles enseignent aux petites filles une foule de métiers. Parfois elles réussissent à faire entrer les plus intelligents des garçons au séminaire pour des études complètes ; quelques-uns, des externes, reviennent chaque jour prendre leur repas sous ce toit qu'on peut bien appeler maternel. Mais c'est dans la maison mère de Montréal qu'il faut surtout voir fonctionner les infatigables Sœurs grises. Là elles semblent vraiment avoir pris possession de toutes les misères humaines.

J'ai été accueillie par la propre sœur de l'abbé Casgrain, décédée depuis et qui a dû laisser dans la communauté un vide irréparable. Sœur Baby, comme on l'appelait du nom très considéré de sa famille maternelle [1], réalisait le type même de la religieuse grande

____

1. Baby est la transformation de Batbie, nom de Gascogne, importé au Canada par un officier du fameux régiment de Carignan-Salières.

dame et savante organisatrice ; c'est elle qui m'a conduite, avec les plus intéressants commentaires, à travers tous les détails de cet immense refuge de vieillards, d'incurables, d'infirmes de toute sorte et d'enfants trouvés. L'esprit de la fondatrice, madame d'Youville, la femme forte par excellence, était en elle.

Cette madame d'Youville, issue d'une noble famille bretonne et veuve d'un mari prodigue et libertin, absolument ruinée, avec des enfants à élever, trouva le temps et le moyen de recueillir une catégorie de misérables que ne secourait pas encore la pitié publique. Longtemps le Canada avait ignoré le vice ; considéré comme une mission plutôt que comme une colonie, il n'avait reçu que des colons triés avec scrupule ; aussi, dans un laps de soixante-neuf années, ne trouve-t-on sur les registres des baptêmes, que deux enfants nés hors du légitime mariage ; les filles, suspectes si peu que ce fût, étaient immédiatement renvoyées en France.

A partir de 1669, l'émigration marchant avec trop de lenteur, le gouvernement expédia ce que la mère Marie de l'Incarnation appelle dans ses lettres « une marchandise mêlée », ou encore « beaucoup de canaille de l'un et l'autre sexes ». La guerre contribua aussi à l'altération des mœurs, sinon dans les campagnes, presque intactes aujourd'hui encore, du moins dans les villes ; bref, les naissances illégitimes se multiplièrent peu à peu et aussi les infanticides, la honte qui s'attachait à de certaines faiblesses conduisant les coupables aux dernières extrémités. Tant qu'avait duré la domination française les seigneurs, hauts justiciers autorisés à percevoir les amendes, répondaient de la nourriture des enfants trouvés dans le ressort de leur juridiction ; mais il y avait de singuliers abus, les sages-femmes, chargées de les placer, allant jusqu'à vendre parfois ces petits malheureux aux sauvages. Après la conquête anglaise, ce fut bien pis ; le nouveau gouvernement refusa de contribuer en rien à cette œuvre. Alors intervint madame d'Youville, que le roi avait appelée quelques années auparavant à l'administration de l'hôpital de Montréal, elle et ses assistantes, les « demoiselles de la charité ». Madame d'Youville, sans rien calculer, se déclara prête à recevoir tous les enfants trouvés qu'on lui apporterait. Déjà madame Legras avait donné en France un pareil exemple ; mais pour la première fois il était suivi en Amérique.

Afin de suffire aux dépenses de sa maison, qui prenait ainsi de nouvelles charges, au lendemain d'une guerre de sept ans, madame d'Youville dut faire tous les métiers, se livrer au commerce, à l'industrie, exploiter des carrières, fabriquer de la bière, du tabac, prendre des animaux en pacage, troquer avec les Indiens, organiser des services de bateaux et de transport en général, mais d'abord travailler de ses mains et recevoir des pensionnaires. Les dames âgées des meilleures familles devinrent ses collaboratrices en allant volontiers loger chez les Sœurs grises ; elles trouvaient là bonne compagnie ; la plupart des grands noms du Canada figurent sur le registre où s'inscrivent encore beaucoup de douairières contentes de vieillir et de mourir au couvent, comme c'était si souvent l'habitude dans la mère patrie du XVIIe siècle. Et les Sœurs grises continuent à s'évertuer sans relâche au profit de leurs chers pauvres ; elles font des hosties, elles coulent des cierges, elles brodent des ornements d'église, elles fabriquent des liqueurs, elles sont expertes en pharmacie, elles vendent des objets de piété. L'une d'elles, qui a passé de longues années en mission chez les sauvages et y est devenue chirurgienne, a un cabinet de dentiste ;

une autre fait de la sculpture en cire, des enfants Jésus, des têtes, des mains, des pieds de grandeur naturelle qui, complétés par des vêtements plus ou moins pittoresques, sont exposés dans les châsses d'églises. Ces saints de cire et d'étoffe ont de vrais cheveux, des plaies béantes et le sang du martyre à la gorge; il y en a d'une réalité saisissante.

L'administration des biens de la communauté n'est pas la moindre besogne des religieuses. Il faut voir les grands livres de l'économat tenus par elles seules. Les couvents de femmes au Canada sont, de l'aveu des juges compétents, très supérieurs sous ce rapport aux couvents d'hommes. Ceux-ci se sont mis quelquefois dans l'embarras, tandis que l'administration des religieuses est impeccable (chose à considérer au point de vue *féministe*).

Le temps et l'espace me manquent pour énumérer seulement toutes les œuvres de charité que renferme cette immense maison, tout un monde. Je me suis promenée au milieu de la nourrisserie où des douzaines de chétives créatures dans leurs berceaux, un biberon aux lèvres, semblent pour la plupart vouées à la mort, quelques soins qu'on leur prodigue. Les grosses chaleurs de l'été les emportent presque en masse. Il y a beaucoup d'estropiés et pour cause; ces épaves de la misère et de l'inconduite échouent d'ordinaire sous la porte du couvent, enfermées dans un panier. Quatre sont arrivés, me dit la Sœur Baby, ensemble, au fond de la même corbeille. La mère dénaturée ne se fait pas scrupule de leur casser un membre pour qu'ils entrent dans le récipient trop étroit. Comprimés, tordus, malsains presque toujours, avec des vices héréditaires probablement, que deviendraient-ils à travers la vie? Sans doute la canicule leur rend très grand service, aux garçons surtout qui ne pourraient habiter le couvent au delà d'un certain âge, passé lequel on les distribue dans la campagne, où ils sont reçus avec répugnance, traités durement. Il n'existe pas un service de l'Assistance publique bien organisé comme chez nous. Les Sœurs grises ne vivent que de ce qu'elles possèdent en propre, de ce qu'elles gagnent et des aumônes de quelques particuliers, sans subvention de l'État, accablées au contraire d'impôts très lourds.

La salle des *babies* qui ont résisté au biberon et à la chaleur est d'un joli aspect; on fait danser devant moi les petites filles. Leurs aînées, qui seront placées comme ouvrières ou comme servantes, à moins qu'elles ne préfèrent rester dans la maison, chantent en battant des mains pour accompagner des pas très bien réglés. Une petite Huronne se livre avec entrain à la danse de sa tribu, qui ressemble beaucoup à une bourrée auvergnate; celle-là est une simple orpheline; d'autres enfants ont père et mère, mais la pauvreté ou l'abandon leur donne droit d'asile dans cette ruche qui ne renferme pas moins de neuf cents hôtes, grands et petits. A tous, vieillards, infirmes, lamentables débris humains de tout âge, la grande et belle chapelle est commodément accessible. Chacun des étages de la maison donne sur une de ses tribunes, de sorte que les plus impotents peuvent encore sans fatigue se traîner jusqu'à Dieu.

En présence de cette tendresse, de cette ingéniosité de la charité catholique, faut-il s'étonner du peu de succès qu'a rencontré le dernier projet philanthropique, si bien intentionné pourtant, de son Excellence lady Aberdeen, épouse du gouverneur général? Non contente de voir fonctionner des *trained nurses* de premier ordre dans le monumental *Victoria Hospital* de Montréal, elle voulait déléguer des postes de ces infirmières diplômées dans les villages, sans bien se rendre compte de l'attachement exclusif qu'aura toujours l' « habitant » français pour les Sœurs blanches et grises. Celles-ci ont en partage tout ce qui ne s'improvise pas et ce qu'aucun brevet ne peut donner, de longues associations avec le passé historique; elles parlent la langue maternelle, elles représentent la religion des aïeux; quelque chose de plus fort que le devoir professionnel le mieux rempli leur fait braver, rechercher même tous les dangers, toutes les souffrances; le célibat enfin leur donne le droit de vivre pauvres, au service des pauvres. Il n'y a pas de hautes études qui puissent remplacer cela. Et le *Royal Victoria Hospital* lui-même, dont la construction a coûté plus d'un million de dollars à ses généreux fondateurs, lord Mount Stephen et sir Donald Smith, l'hôpital-palais qui se dresse comme le plus bel échantillon de la munificence anglaise au milieu d'un parc admirable, ne pourra, de longtemps du moins, prétendre à rivaliser avec l'Hôtel-Dieu plus modeste auquel reste attaché le nom si français de l'humble Jeanne Mance.

SAINT-LAURENT ET SAGUENAY

Pendant les premiers jours qu'il passe à Québec, le voyageur, ébloui par l'étendue majestueuse du Saint-Laurent, s'absorbe d'abord tout entier dans ce spectacle.

La suprême beauté de l'Amérique du Nord tient pour des yeux européens à ses lacs et à ses fleuves, à ses fleuves surtout. Nous avons d'aussi hautes montagnes, un littoral aussi pittoresque, des paysages qui ne le cèdent à aucun, mais nous ne savons pas ce que c'est qu'un grand fleuve tel que le Mississipi ou le Saint-Laurent. Encore ne peut-on comparer les rives basses, mouvantes, sans consistance et sans dessin, du père des eaux, comme il m'est apparu en Louisiane, roulant son limon jaunâtre à travers les savanes et les champs de cannes, au cours superbe de son rival encadré par les belles découpures des Laurentides.

Faites le guet du haut de ce poste d'observation qu'offre sur toute sa longueur, — quatorze cents pieds du nord au sud, — la terrasse qu'on nomme indifféremment du nom de lord Durham qui la commença ou de lord Dufferin qui l'agrandit, mais que les Québecquois préfèrent appeler la terrasse de Québec. Si c'est le matin, le soleil monte lentement au-dessus de la nappe frémissante. L'infinie fraîcheur, le calme souverain des tons de rose, humides et veloutés, qui semblent sortir de l'eau comme une nymphe sort du bain, forment un violent contraste avec tout le noir de la basse ville grouillante de commerce; celle-ci s'accroche aux remparts, blottie sous l'orgueilleuse falaise, entre le rocher qui la repousse et le fleuve où elle déborde sous forme de navires et de radeaux. Tout le jour vous emplissez vos yeux du mouvement des bateaux à vapeur et à voile, vous regardez glisser ces innombrables flottilles de bois de charpente qui représentent des forêts abattues, et vous jouissez des effets de lumière sur les montagnes qui, pour n'être pas bien hautes, n'en sont pas moins belles par la structure hardie et par la couleur. Le soir va-t-il tomber, vous voyez chaque fois un prodige nouveau se passer dans le ciel ; ce sont les sommets lointains qui s'empourprent, qui flamboient de mille buissons ardents ; c'est un horizon embrumé, strié de gris bleu, de jaune rosâtre, avec des nuages bas qui couvrent les dernières cimes et des reflets de cuivre plaqués parmi tout ce gris transparent dans les flaques d'eau du port où la marée est basse. Puis le crépuscule vient simplifier les lignes sévères des hauteurs de Lévis ; leurs grands bâtiments, forts, couvents ou églises ressortent en un relief sombre et puissant sur le bleu éteint du ciel, tandis qu'à vos pieds, bien au-dessous de vous, scintillent tous les feux allumés le long des quais ou dans les rues tortueuses que relient entre elles les escaliers si bien nommés casse-cou.

Cette plate-forme, où vous êtes comme aux premières loges, suit le bord de la falaise, sur le site même de ce qui fut le château Saint-Louis, et l'hôtel colossal qui se dresse à la place de celui-ci ne peut suggérer aucune des fâcheuses réflexions que provoquent le plus souvent les constructions modernes substituées à de nobles ruines. On dirait tout de bon une forteresse, non pas précisément du moyen âge, ce qui nuirait par trop au confort intérieur, mais du commencement de la Renaissance, de ce temps même où Jacques Cartier remonta le Saint-Laurent pour la première fois. Il n'introduisit pourtant pas au Canada en 1534 l'élégante architecture patronnée par François Ier, son maître; il n'eut pour s'abriter que de pauvres cabanes d'écorces et, si j'en crois l'intéressante étude de M. Ernest Gagnon[1], avec les plans qui l'illustrent, le château bâti par Samuel de Champlain sous Louis XIII, même après sa reconstruction en 1700 par le comte de Frontenac, était loin d'égaler l'auberge monumentale, œuvre de M. Bruce Price. Le nouveau « château Frontenac » a du reste reçu jusqu'à un certain point la consécration des siècles, puisqu'une pierre vénérable des anciens murs, portant la croix de Malte avec le millésime 1647, est encastrée dans une de ses portes. L'ensemble de l'édifice produit un effet imposant et trompeur.

Elle est tout entière comme à vous seul, cette grande terrasse de Québec, aux premiers jours de mai, quand les cinq kiosques espacés

1. *Le fort et le château Saint-Louis*, étude archéologique et historique, par Ernest Gagnon; Québec, 1895.

de distance en distance n'abritent encore aucun orchestre. Vous y marchez dans le silence jusqu'au point où elle rejoint le jardin du gouverneur. Là s'élève un monument unique par l'idée généreuse qui l'inspira, la colonne dédiée aux mânes réunis de deux glorieux adversaires tués le même jour : Montcalm et Wolfe. L'inscription gravée sur le marbre est celle-ci :

Mortem Virtus Communem, Famam Historia,
Monumentum Posteritas Dedit.

Et elle est juste. Ces deux héros sont frères au fond : le même dévouement au service de la patrie les anima jusqu'au bout et leurs dernières paroles se ressemblent, le général anglais ayant loué Dieu qui lui permettait d'apprendre avant de mourir la fuite de l'ennemi, le Français ayant béni la mort qui l'empêchait de voir Québec se rendre.

A l'extrémité sud, vous êtes au-dessous de la citadelle, du haut de laquelle vous découvrez des étendues de pays si vastes qu'au delà c'est la fin de toute civilisation, pensée qui vous fait battre le cœur. Il n'y a rien d'aussi émouvant peut-être que cette proximité pressentie de la vie sauvage encore possible dans un pays qui, grand comme la moitié de l'Europe, n'a guère que six millions d'habitants. Libre à vous de monter vers cette impression vertigineuse par des glacis et des degrés sans nombre. Là-haut tout serait moderne et anglais, portes, redoutes, bastions, si l'architecture militaire, semblable chez tous les peuples, ne donnait, quelle qu'en fût la date, l'illusion du passé. D'ailleurs, certains restes de remparts et de batteries aux pièces démontées sont français. Vous vous sentez enveloppé des souvenirs de France sur le site même de ce vieux château Saint-Louis dont le canon tonnait dans toutes les grandes circonstances : à l'arrivée d'un nouveau gouverneur, pour une procession de reliques, pour la conversion d'un chef sauvage ; Frontenac chargea sa bouche énergique et grondeuse de répondre aux premières sommations d'un envoyé de l'Angleterre : « Dites à votre maître qu'il fasse du mieux qu'il pourra comme je ferai du mien. »

Des scènes participant du roman et de la légende, qui sont de l'histoire pourtant, vous reviennent à l'esprit sous forme de tableaux vivement colorés, tandis que vous parcourez sur la terrasse Durham des kilomètres de planches.

En même temps les flots rapides du Saint-Laurent vous content d'étranges choses, auprès

desquelles les faits et gestes des humains semblent tout petits : quel bond formidable, par
exemple, il a fait du haut des rochers du Niagara ! quels espaces presque impossibles à mesurer il parcourt depuis sa source, sous les
noms différents qui le déguisent, et sa fuite
impétueuse à travers les grands lacs ! Ce géant
parmi les fleuves est lui aussi un allié de la
France, car, portés par lui, les premiers pionniers devancèrent sur le continent américain
les Anglais chevaucheurs de l'Océan qui les
déposa plus tard de l'autre côté des monts Al-
leghanys. Quelle route vraiment royale ! Peu à
peu l'envie de la parcourir à votre tour vous
prend avec une force irrésistible. Comparati-
vement rétrécie sous la ville qui lui avait
emprunté le nom de *détroit*, elle s'élargit
ensuite jusqu'à ne plus permettre au regard
de l'embrasser d'un bord à l'autre et, en atteignant le golfe, elle rivalise presque de taille
avec l'Océan qui la reçoit.

Je n'aspirais pas pour ma part à suivre « la
grande rivière » jusque-là, mais une masse
bleuâtre et sourcilleuse, qui semble fermer
l'horizon, m'attirait comme un aimant ; je rêvais
de dépasser cette barrière qu'on me disait être
le cap Tourmente, d'atteindre le Saguenay, ce

mystérieux affluent du Saint-Laurent, roulant ses eaux noires à traver des régions qui passèrent longtemps pour fantastiques. Deux fois par semaine, un bateau décoré de ce nom tentateur, le *Saguenay*, quittait le port de bon matin, sous mes yeux ; non pas un de ces superbes bateaux qui, tout l'été, sont quotidiennement au service des touristes, — ceux-là n'avaient pas encore commencé leur va-et-vient habituel, — mais un petit vapeur plus modeste, que prennent, faute de mieux, les gens du pays, allant à leurs affaires. Au milieu de ces gens-là, je me trouvai embarquée le 11 mai 1897, à ma propre surprise et sans savoir très bien où j'allais. N'importe ! les guides intelligents et courtois ne manquent pas en Canada, et ces guides-là portent presque toujours une soutane.

Je rencontrai à bord un prêtre qui ressemblait de visage à M. Renan et qu'on me présenta comme le supérieur du séminaire de Chicoutimi. Véritable bonne fortune pour moi, car M. l'abbé Huard a vu des choses si nouvelles sur la côte nord du bas Saint-Laurent, et surtout son œil perçant de naturaliste a su si bien les observer, que je donnerais pour son excursion en Labrador plus d'un voyage autour du monde. Tous les souvenirs dont il me fit part obligeamment, dans une longue journée de causerie à bâtons rompus, sont publiés maintenant avec beaucoup d'autres ; ils ont été imprimés à Montréal et on peut se les procurer à Paris[1], mais il manquera au lecteur, pour les goûter comme je le fis, d'être sur le Saint-Laurent même et de pouvoir se dire, en écoutant les plus curieuses histoires de missionnaires et de sauvages, de chasse, de pêche, etc. : « Il ne tiendrait qu'à moi d'aller lier connaissance avec les Montagnais et les Hurons, de pousser jusqu'à la Pointe-aux-Esquimaux, et, si j'en avais le goût et la force, de chasser le loup marin. A moins que je ne préfère pourtant une visite à Anticosti ! »

M. l'abbé Huard en revient. Tout le monde sait qu'un millionnaire parisien s'est rendu acquéreur, en 1895, de cette île, abandonnée comme l'un des points les plus ingrats et les plus inabordables qui soient au monde ; mais ce qu'on ignore peut-être, c'est l'importance de l'œuvre accomplie déjà par M. Menier dans ses États : le mot n'a rien d'exagéré, bien que le nouveau propriétaire reconnaisse la suzeraineté de la reine d'Angleterre. Il peut promulguer

____

1. *Labrador et Anticosti*, par l'abbé V.-A. Huard.

toute sorte de décrets et a déjà fort heureuse-
ment défendu l'usage des boissons fermentées,
combattant ainsi avec énergie le seul vice du
Canadien, vice plus qu'ailleurs excusable dans
ces régions très rudes où il faut à tout prix se
réchauffer. Il a aussi interdit la chasse et la
pêche, pour assurer le repeuplement des eaux
et des forêts.

Comprenant à merveille les besoins et les intérêts de la population, n'hésitant pas en outre
devant de grosses dépenses, M. Menier réussira
très probablement dans son entreprise, l'une
des plus passionnantes qui puissent tenter un
homme d'imagination, car tout est à créer.
Depuis la mort de Jolliet, à qui Louis XIV en
avait fait don, pour le récompenser d'avoir
découvert le pays des Illinois et parcouru la
baie d'Hudson, cet endroit déshérité a été livré
à lui-même. Il n'est connu que par ses naufrages et par la légende du fameux Gamache.
Une exploration a prouvé que ce sol de cent
trente-cinq milles de long sur plus de trente de
large possédait cependant une valeur indiscu-
table au point de vue des pêcheries, des forêts
et de l'élevage. Le revers de la médaille, c'est que
pendant cinq mois de l'année au moins la mer
rend difficiles les communications postales; un

autre inconvénient grave, c'est l'impossibilité de pénétrer l'été dans l'intérieur de l'île gardé par de terribles moustiques.

Décidément je laisse Anticosti à ceux qui ont le pied marin et le cuir à toute épreuve; l'île d'Orléans, en face de laquelle stationne notre bateau, me plairait davantage, bien qu'elle n'ait pas encore la joyeuse parure de pampres qui lui valut de la part de Cartier un nom mythologique, Isle de Bacchus. On y récolte toujours de bon vin qui se vend cinq francs le gallon de deux litres, mais ni les vignes, ni les vergers n'y verdoient le 11 mai; à peine si quelques saules précoces prêtent à la rive une pâle apparence de végétation naissante, pareille à une fumée légère d'un gris plus vivant que les bois dénudés d'alentour.

Nous sommes au niveau de la ville basse de Québec. Elle aussi, comme les escarpements de la citadelle, a ses annales guerrières; c'est là qu'échoua la tentative hardie faite par les États-Unis au lendemain de leur Révolution pour entraîner le Canada dans les mêmes voies. Un instant la colonie eut à portée de la main son indépendance; elle n'en voulut pas. Les classes dirigeantes ne trouvaient aucun avantage à entrer dans une confédération étrangère et protestante où s'effacerait leur nationalité; elles préférèrent, puisqu'il fallait opter, rester fidèles à une monarchie si lointaine qu'elle était par cela même moins menaçante pour les vieilles institutions catholiques et françaises. Québec, la capitale, fut le foyer de ce mouvement réactionnaire; elle trancha la situation tandis que le reste du pays se partageait entre les Américains vainqueurs et les Anglais aux abois, ce qui fut très près de produire une guerre civile. J'aperçois du bateau le quartier Champlain, défendu alors par des batteries et par des barricades, le bout de la vieille rue du Saut-au-Matelot où le fameux Arnold eut la jambe fracassée, et cette autre petite rue où tomba mort Montgomery. Sans la résistance dont cet événement fut le prélude, le Canada serait aujourd'hui République.

— Vous vous êtes battus pour rester colons au lieu de passer à l'indépendance. Soyez donc esclaves! dit durement La Fayette aux gentilshommes canadiens prisonniers à Boston.

Il ne comprenait pas. Les Canadiens ne sont esclaves que de leurs croyances et de leurs préjugés. Les excès de notre révolution seuls ont pu les consoler de ne plus être à nous. Ambitieux de garder les vieilles coutumes, comme d'autres peuvent l'être d'acquérir de nouveaux droits, ils mènent encore la vie patriarcale et se montrent par conséquent favorables aux monarchies. L'intervention d'un Dieu paternel et protecteur se mêle à tous les faits enregistrés dans leur histoire, qu'il convient de lire comme la légende dorée, car chaque succès sous la plume des Jésuites est un miracle salué d'un *Te Deum*, et chaque revers est accepté comme châtiment avec respect et componction.

Le *Saguenay* cependant s'est mis en marche, et la matinée est assez claire pour me permettre de ne rien perdre du panorama grandiose de la rade. Presque aussitôt après Québec commence la ligne blanche du village de Beauport dont les maisons se suivent à la file, en une longue procession. J'admire de face la cataracte écumeuse de Montmorency. A si longue distance, son rugissement ne se fait pas entendre. Elle m'apparaît muette, immobile, sans un pli, sa nappe élégante tendue dans l'espace à la façon d'un grand voile blanc. Ensuite, c'est la côte fertile de Beaupré; nous n'en voyons rien, sauf le sommet du mont Sainte-Anne, car notre bateau est entré dans la partie du fleuve qui, partagé en deux branches, court ici, entre l'île d'Orléans et la rive sud ; de ce côté il a trois lieues ; de l'autre, il est moins large, mais je commence néanmoins à comprendre ce qui, dans ma jeunesse, où l'on n'apprenait de la géographie que les détails inutiles, me pénétrait de stupeur : le Saint-Laurent verse par heure dans la mer une masse d'eau évaluée à six cents millions de mètres cubes.

Sur la côte sud on me nomme les villages : Beaumont, Saint-Michel de Bellechasse, Saint-Valier ; sur le rivage de l'île d'Orléans, Saint-Jean, Saint-François. Les saints sont partout en majorité. Devant la Pointe à Blin, un ingénieur du pays, qui cause avec nous, rappelle que ses ancêtres s'établirent à cette place en 1680 et lui laissèrent leur nom. Aussitôt je me mets à le regarder avec autant d'intérêt que s'il eût pu me donner *de visu* des nouvelles de Frontenac en personne. Les origines des familles canadiennes sont parfaitement établies, grâce aux registres des paroisses d'après lesquels a été fait le dictionnaire généalogique, très complet, de l'abbé Tanguay.

Au cours de la conversation, quelqu'un m'assure qu'il reste encore sur la côte de Beaupré beaucoup de familles qui possèdent les terres données à leurs aïeux par Louis XIV et que nulle part on ne trouverait aussi semblable à lui-même le paysan normand de ce temps-là.

On partait beaucoup de la Normandie, en effet, quand ce n'était pas de la Bretagne ou du Poitou, de la Saintonge, de l'Aunis, du Perche ; on s'embarquait à Dieppe, à Saint-Malo, à la Rochelle. Les mots de patois rappellent ces trois provinces : *brayer le lin, grouiller, itou* pour aussi, *câline* pour coiffe, la *brunante* pour la brune, le *sorouet* pour le sud-ouest, *butin* pour vêtements, meubles ou effets quelconques, les *cordeaux* (la bride) d'un *quevalle* (un cheval). Le laboureur qui *touche* dit *hu dia ! L'endormitoire vous prend* (vous vous endormez), aurait ravi George Sand. Des mots de marin se mêlent à ces archaïsmes : *embarquer, débarquer* pour monter en voiture ou en descendre, *arrimer* ou *amarrer* son tablier. Quelques expressions sont détournées de leur sens, comme *carriole*, qui au Canada signifie traîneau, tandis que le nom de *traîneau* s'applique seulement à la schlitte. Tous les oiseaux sont du *gibier*, langage de chasseur ; l'abbé Huard parle d'un enfant qui traitait de *gibier* le Saint-Esprit sous forme de colombe. Il trouve jolie l'ellipse qui fait dire : *j'ai hâte à dimanche*, au lieu de : « j'ai hâte d'arriver à dimanche », et ne doute pas que le Roi-Soleil n'ait prononcé : — L'État, c'est moué.

Décidément la journée sera belle, mais il fait froid, mes fourrures ne sont pas de trop. Les hommes n'ont garde de laisser leurs pipes s'éteindre. Ils pensent évidemment, comme jadis Cartier, quand il emprunta l'usage du tabac aux sauvages, « qu'il est bon de se remplir d'une fumée chaude ». D'ailleurs la tentation de fumer une pipe est inséparable chez le Canadien de la flânerie, à ce point qu'il dit *fumer* pour *flâner*. Le Comte de Paris fut fort amusé des termes dans lesquels on lui conseilla de voir la population rurale : « Fumez donc chez les petites gens. » Cet usage invétéré de la pipe donne à beaucoup de physionomies une expression particulière; les coins de la bouche sont fléchissants et le tuyau a creusé au milieu de la lèvre inférieure comme une petite rigole. Mais je ne laisse pas fumer en repos M. le Supérieur du séminaire de Chicoutimi.

Il continue d'être victime de la fureur interrogante dont je me rends toujours coupable en voyage, pour peu que je rencontre un partenaire de bonne volonté. Mettre la main sur un naturaliste, quelle aubaine! Je l'exploite donc sans remords. Il a fallu qu'il m'énumérât toutes les différentes espèces de conifères qui seuls jusqu'ici mettent de la verdure dans le paysage ; cèdres, sapins, mélèzes, épinette noire, grise, blanche et rouge, celle-ci décimée par une de ces maladies qui n'épargnent pas plus les plantes que les humains ; il a fallu qu'il m'initiât à l'industrie du sucre d'érable, traité à peu près comme chez nous on traite la résine, le sirop s'échappant par un trou percé dans l'arbre ; et je ne me lasse pas de le questionner sur les paroisses qui se succèdent le long du rivage. Rien ne vaut une promenade sur le Saint-Laurent pour initier le voyageur à ce qui est en vérité la clef de voûte de l'histoire du Canada, car chaque paroisse remplace la seigneurie de jadis et les églises ne représentent pas seulement la maison de Dieu, mais encore le pouvoir et la protection qu'exerçait jadis le gentilhomme à l'égard de ses « censitaires ». Gentilhomme, on dirait que chaque fermier l'est un peu à sa manière. Sans aucune revendication envieuse d'égalité, il n'admet pas plus que tout autre Américain les distinctions de classes ; un habitant, comme on l'appelle, en vaut un autre.

Certes, l'habitant a beaucoup plus d'aisance que le paysan de France ; il est maître de soixante à quatre-vingts arpents qui, de même que les concessions jadis accordées par le roi, commencent aux riches terres d'alluvion du rivage pour continuer en profondeur jusque sur la montagne, ce qui lui assure des prairies et du bois. Sa maison est fièrement isolée au milieu du domaine; point de ces agglomérations qui indiquent chez nous un village et dont le roi souhaitait en vain qu'on prît l'habitude dans sa colonie pour que pussent être mieux concentrés les moyens de défense et d'autorité. Toutes ces demeures rurales s'égrènent à d'assez longs intervalles comme les perles d'un chapelet; on y vit largement, l'épargne ne comptant pas parmi les vertus de l'habitant, si français qu'il soit. C'est même avec le goût fréquent de l'aventure, la différence essentielle entre ces paysans et les nôtres auxquels d'ailleurs ils ressemblent comme des frères. J'en faisais la réflexion tout à l'heure encore en descendant pour déjeuner à l'étage inférieur du bateau où ils sont nombreux.

Le contact des Indiens a plus fortement agi sur eux qu'on ne pense, et toutes les fois que se produit un mélange de sang entre les deux races, on voit sortir de cette alliance le type toujours prêt à revivre du coureur de bois. Si de certains noms demeurent attachés à la même terre depuis deux siècles, combien d'errants incorrigibles, en revanche, ont l'habitude de vendre leurs biens aussitôt qu'ils sont en plein rapport et de pousser plus loin pour le plaisir de défricher des terres encore incultes ! Beaucoup s'en vont aux États-Unis louer leurs bras et gagner de l'argent, mais, qu'ils reviennent ou non, ils ne se laissent pas absorber un seul instant par l'élément yankee, ils emmènent souvent leur prêtre avec eux, ils conservent toutes leurs habitudes françaises, ils ne quittent jamais des yeux le clocher de la paroisse.

Ce mot sacré de paroisse représente bien des choses fondamentales ; il ne faut pas oublier que Louis XIV institua le régime féodal dans la Nouvelle-France. Il existe encore, sauf que le curé a remplacé le seigneur. Celui-ci n'obtenait de terres, en récompense de ses services ou en considération de sa naissance, qu'à charge par lui d'y établir un nombre déterminé de colons dans un certain délai. S'il manquait à cette obligation, il était déchu de son privilège. Très favorable à l'agriculture, Louis XIV anoblissait volontiers ceux qui s'y livraient avec zèle ; il savait flatter ainsi la passion des Canadiens pour les titres, et Colbert poussait aux mariages précoces, envoyant à cet effet des cargaisons de « filles d'honneur » dont les religieuses prenaient soin. Le pli en est resté. Le Canadien se met en ménage presque avant d'avoir de la barbe au menton, il a beaucoup d'enfants dont le travail l'aide à s'enrichir ; tous les douze ans, d'après les recensements, la population est doublée ; et elle ne pourra jamais être assez nombreuse pour exploiter toutes les terres en friche qui à l'ouest attendent des bras.

Il n'est plus question des seigneurs qui s'éloignèrent devant la domination étrangère ; leurs manoirs sont généralement habités aujourd'hui par une bourgeoisie dans les rangs de laquelle se recrute la partie la plus distinguée du clergé, seul maître de la situation. Une même famille donne parfois deux ou trois religieuses et autant de prêtres. C'est grâce à la vigilance des uns et des autres que la langue, la loi civile, les mœurs françaises ont été conservées, et, si l'étranger de passage trouve l'Église un peu absolue, un peu intransigeante dans sa manière d'agir, c'est qu'il oublie combien s'est imposée longtemps la nécessité de veiller à ce que les vaincus ne devinssent pas Anglais, catholique étant synonyme ici de Canadien français. Aussi quelle ferveur religieuse chez ces obstinés patriotes! Il faut faire trois, quatre lieues pour ne pas manquer la messe, à cause de la dispersion des fermes, et on ne la manque guère, fût-ce pendant les grandes tempêtes hivernales. On s'y rend en voiture, c'est encore facile, mais plus loin sur la côte, là où l'on n'a plus de chevaux, comme le raconte M. l'abbé Huard, là où nul service de bateau ne peut être organisé l'hiver, on se fait traîner par les chiens. Chaque famille en a une demi-douzaine qui, attelés à un *cométique*, courent sur la glace à une allure endiablée, semblables à des loups quand ils sont de race pure. Et on ne les nourrit qu'une fois par jour, le soir, de débris de poisson ; ils s'acquittent de leur besogne à jeun. Gens et bêtes sont durs, laborieux, intrépides.

Que dire de la vie des prêtres en ces parages, obligés d'aller dans la neige sur leurs raquettes porter au loin les sacrements? Il y a deux curés de campagne à bord, deux rustiques, l'un déjà vieux, affligé d'une jaunisse dont il ne guérira pas, grelottant sous son manteau râpé, l'autre plus jeune, au visage un peu farouche, littéralement tanné par les intempéries ; avec une vieille soutane couleur de rouille, des souliers qu'on ne cira jamais, un chapeau informe battu par la pluie, une petite pipe courte au coin des lèvres, le pareil en apparence des paysans de l'entrepont. Ils ne payent pas de mine, mais le respect qu'ils m'inspirent après ce que je viens d'entendre est voisin de l'attendrissement. Tels furent les missionnaires qui, au XVIIe siècle, allaient en barque d'une paroisse à l'autre avec un autel portatif, célébrer les saints mystères et évangéliser les sauvages. Ils ont des successeurs qui mènent la même vie et qui font l'école aux Montagnais. Les adultes parmi ceux-ci savent généralement lire. L'abbé Huard assure qu'ils transmettent les leçons des « robes noires » à leurs enfants, tout en courant les bois, et il approuve qu'on ne fournisse aux lettrés de cette espèce que des livres imprimés en leur langue.

Nous avons atteint l'extrémité de l'île d'Orléans, la plus grande d'un archipel aux aspects variés ; d'autres îles, bien connues des chasseurs qui vont y tuer toute sorte de gibier aquatique, éparpillent des taches de verdure sur l'immense miroir où nous glissons en laissant derrière nous un sillage lumineux. On les croirait toutes petites, mais il s'y trouve des *battures* que le flot découvre à marée basse et d'excellents pâturages. Les religieuses de l'Hôtel-Dieu tirent des ressources considérables de l'île aux Oies qui leur appartient depuis 1714. Amusante coïncidence : un rocher qui s'y dresse, bien exposé au midi et creusé de vasques naturelles, s'est de tout temps appelé l'Hôpital, parce que les animaux malades ou blessés s'y rassemblent.

Le Saint-Laurent a maintenant sa largeur entière, six lieues ; le cap Tourmente est tout près, on dirait une forteresse ; l'été, il se pare de feuillage, mais je l'aime ainsi dépouillé, aride, avec son nom sinistre. Les Laurentides atteignent là deux mille pieds de haut ; tandis que l'horizon, sur la rive opposée, va toujours en s'abaissant, en s'effaçant, elles se rapprochent du fleuve au nord, l'encadrent de leurs anguleuses saillies, y baignent leur grande ombre sévère. Les paysages de Norvège admirés chaque année au *Salon* peuvent donner l'idée de ces falaises de granit qui trempent dans l'eau, portant çà et là un bouquet de sapins, plus souvent toutes nues. Le soleil, devenu très brillant depuis midi, ajoute à l'effet du décor ; il fait étinceler sur les pentes polies le flot précipité d'une cascade, résultat de la fonte des neiges. D'autres veines de neige restent solides encore, figées dans un pli de la montagne ; partout des traces d'avalanche.

Nous voyons par le journal de Montcalm, arrivant de France en 1756 pour défendre la colonie, combien l'impressionna le même spectacle, rencontré dans la même saison. Tout ce qu'il avait entendu dire du Saint-Laurent lui parut dépassé. Il ne put se retenir d'aller à terre et descendit à Saint-Joachim où l'on nous montre de loin la belle habitation de campagne des archevêques de Québec, ouverte pendant les vacances aux professeurs et aux élèves du séminaire. Les trois frégates, la *Licorne*, la *Sauvage* et la *Sirène* étaient arrêtées par les vents contraires, et les officiers français, ennuyés d'une traversée de six semaines, ne songeaient qu'à gagner Québec au plus vite. Montcalm usa donc des voitures, charrettes et calèches, mais le saut de Montmorency, grossi par la fonte des neiges, lui barra le passage ; il finit par arriver moins vite que la *Licorne* elle-même.

Les gens de Saint-Joachim étaient et sont

encore des chasseurs émérites ; ni canards, ni outardes ne manquent sur leur plage, et ils savent au besoin se servir du fusil contre un autre gibier ; ils se distinguèrent dans la lutte suprême contre l'Angleterre, leur curé les accompagnant au feu pour donner l'absolution. Ne se sent-on pas en pleine chouannerie ? Je suis récompensée en ce moment d'avoir lu l'abbé Ferland, bien que je le soupçonne d'être un peu romanesque ; d'innombrables personnages animent pour moi, grâce à lui, le paysage. Toutes ces paroisses paisibles, du saut de Montmorency au cap Tourmente, m'apparaissent bouleversées par la guerre, les habitants courant se cacher dans la montagne, enfouissant à l'orée des bois les objets trop lourds, conduisant leurs bestiaux dans les pâturages les plus retirés, emportant quelquefois les vieillards dans leur lit. Plus d'un enfant naquit à la belle étoile pendant cet exode, tandis que Montcalm tenait Wolfe en échec devant Québec. Il me semble assister au dernier acte : les paroisses revenues tristement, leur curé toujours en tête, au milieu de campagnes dévastées qui n'étaient plus françaises.

Tout ceci se passait trois ans après l'impatiente et allègre arrivée que je viens de dire.

Quel beau drame serré, mouvementé, plein de surprises on pourrait faire, en plaçant le dénouement sur ce champ de bataille des plaines d'Abraham où la mort frappa ensemble deux nobles victimes, le vainqueur et le vaincu ! Le Canadien Fréchette a bien raison de s'écrier :

O notre histoire, écrin de perles ignorées !

Je distingue de moins en moins la série d'ondulations blanchâtres qui, à droite, indiquent les États-Unis ; la rive gauche est toujours marquée par des promontoires à pic : le cap Rouge, le cap Gribaune, le cap Maillard, ainsi nommé en mémoire d'un missionnaire qui évangélisa les peuplades sauvages du Saint-Laurent. Sur un espace de près de trente milles, c'en est fait des paroisses ; nous en rencontrons une seule, Saint-François-Xavier. Pourtant, dans quelques petites anses s'accroupissent, comme pour permettre de mieux mesurer l'échelle de la montagne qui les surplombe, des huttes en bois, couleur de vieil argent, établissements de pêche sans doute. L'ensemble de tout cela est d'un calme merveilleux et d'une austérité mêlée de douceur, car on sent même ici l'approche du printemps invisible, et cette impression qui se dégage, sans que la végétation s'en mêle, des sourires de l'eau et du ciel est délicieuse, en présence des traces de l'hiver, qu'un coup de baguette magique fera disparaître demain peut-être. Nulle part le changement à vue des saisons ne s'effectue aussi vite qu'en Canada, et avec moins de transitions.

Une surprise, c'est l'apparition d'une ville de trois mille âmes sur cette côte inhospitalière autant que pittoresque, à un endroit fameux par ses tremblements de terre. Quand je dis apparition, la ville se cache et s'abrite de son mieux dans un pli de la montagne, auprès de la rivière du Gouffre, qui tire son nom de l'effrayante déchirure pratiquée dans les Laurentides par un cataclysme apparemment volcanique. Très loin d'elle, devant une longue jetée, s'arrête notre bateau; il y a un va-et-vient considérable de passagers et, tandis qu'ils montent ou descendent, je regarde avec admiration ce qui ressemble à un magnifique fond de lac fermé par des montagnes d'où descend, par bonds et par cascades, la rivière, qui s'échappe entre deux caps dont l'un est le cap aux Corbeaux; ce nom sinistre veut dire que les naufrages fournissent ici une abondante pâture aux dépeceurs de cadavres. La mer, car le Saint-Laurent saumâtre et houleux est devenu la mer, forme en effet dans cette brèche un tourbillon redouté des chaloupes et des canots. Nulle part la traversée n'est plus dangereuse; les précautions prises l'attestent. Il y a un phare sur la jetée, il y en a deux autres, à trois étages coiffés de rouge, devant l'île aux Coudres, située juste devant la terrible gorge où logent des démons, à en croire la tradition du pays. On peut voir dans les *Légendes canadiennes* de l'abbé H.-R. Casgrain d'où leur vient pareille idée : c'est que la fureur des éléments semble se concentrer par esprit de vengeance, sur cette vénérable petite île où fut célébrée la première messe qui ait été dite au Canada :

« Le sixième jour du mois de septembre, raconte Jacques Cartier, vînmes poser à une isle pleine de beaulx et grands arbres de plusieurs sortes, et entre autres il y a plusieurs couldres franches que trouvâmes fort chargés de noisilles, aussi grosses et de meilleur saveur que les nôtres, mais un peu plus dures. Et par cela nommâmes l'Isle ès Coudres. Le septième jour dudit mois, jour Notre-Dame, après avoir ouï la Messe, nous partîmes de ladite isle pour aller amont ledit fleuve. »

Se bornant au nécessaire en voyageur sérieux, il n'ajoute pas que nulle part le fleuve n'est plus beau; les Câpes roides, comme on nomme cette partie des Laurentides, affectent la forme, sinon la hauteur de véritables pics. L'après-midi, à la fois humide et lumineuse, leur prête aujourd'hui des tons moelleux qui changent du bleuâtre au lilas; toutes les valeurs, tous les plans des premiers gradins sont si nettement indiqués qu'il semble que le regard puisse pénétrer dans les replis de chaque vallée, avec le rayon de soleil qui les caresse.

Tandis que se poursuit le débarquement, je pense, devant les bouées qui se balancent et les goélands qui rasent le flot d'une aile que l'on dirait doublée de fourrure blanche, à ce que doit être la vie de ces gens-là pendant les longs mois d'hiver. J'ai deux amies à la baie Saint-Paul, deux pâles fleurs frissonnantes sur lesquelles soufflent ces vents cruels, deux jeunes religieuses franciscaines que j'ai rencontrées malades à l'Hôtel-Dieu de Québec. Belles autant l'une que l'autre, minées par le dur climat, par leur rude besogne, elles vivent ainsi dans un hospice de vieillards où, avec une angélique patience, elles rendent à des êtres tombés en enfance ou agités de folie sénile, vieux vagabonds, ivrognes invétérés, les soins les plus répugnants. La maison a peu de ressources et ses pensionnaires sont nombreux ; il faut bien se priver. Elles se privent donc et elles en meurent. Je revois souvent ces grands yeux noirs dans de pâles visages, ce beau costume de pauvreté aux couleurs de celui qu'elles appelaient avec tendresse notre saint François ; je les entends encore me dire avec leurs douces voix brisées, à l'accent un peu traînant qu'entrecoupait souvent une toux rauque : « Il en sera de notre guérison ce que Dieu voudra. N'oubliez pas les petites Franciscaines. » Et il me semble que la neige luisante, là-bas, dans la noirceur des pins, porte leur deuil.

Peut-on imaginer de situation plus critique que celle du village des Éboulements, si petit autour d'une grande église, battu par tous les vents, à mille pieds au-dessus du niveau de la rivière, entre la haute montagne qui le couvre de son ombre lourde, comme si elle se préparait à l'écraser, et la ville submergée, visible sous les flots, pour ceux qui savent voir, comme la ville d'Is dans la baie des Trépassés ? Cette ville éboulée qui le précéda lui rappelle sans cesse combien le rivage est peu solide ; aussi s'est-il perché très haut pour éviter le même sort, au risque d'être enlevé par les bourrasques de l'hiver. Les éboulements datent de 1663, l'année des terribles tremblements de terre qui furent considérés comme le châtiment d'une passion grandissante pour l'eau-de-vie contre laquelle monseigneur de Laval dut fulminer des excommunications et appeler les vengeances du roi. Tout le Canada oscilla sous cette secousse comme un navire sur mer, les arbres s'entre-choquant de telle sorte que les sauvages croyaient la forêt entière prise d'ivresse. Pendant des semaines le Saint-Laurent fut chargé de boue et de glaise au point que l'eau n'en était pas buvable. Des collines et un grand nombre de bois glissèrent de la place qu'ils occupaient dans la rivière ou dans les vallées voisines. Devant Tadoussac, où nous serons tout à l'heure, une montagne couverte d'arbres fut engloutie, certains cours d'eau furent détournés, certaines sources taries, tandis que d'autres jaillissaient soudain. Les Éboulements sont le point où les traces de ces phénomènes se retrouvent le mieux.

Cependant nous côtoyons le long des grèves beaucoup de pêcheries qui se révèlent par des perches, indiquant au-dessus de l'eau des *tentures* où le poisson reste captif. La pêche est la grosse industrie, mais elle ne se fait pas en barque. Nous n'avons rencontré que des bateaux de transport. On me parle du saumon, de l'esturgeon, de la morue, du hareng, des anguilles; tout cela me laisse indifférente; ma secrète ambition serait de voir une baleine. Sur la foi d'un guide imprimé, je m'imagine n'être plus très loin des parages qu'elles fréquentent. Hélas! il me faut perdre mes illusions, les vraies baleines sont devenues fort rares dans le Saint-Laurent, la baleine blanche sur laquelle je comptais n'est qu'un vulgaire marsouin. Entre l'île aux Coudres et Saint-Irénée, les tentures qui grandissent et se multiplient sur une énorme étendue sont dédiées, me dit-on, à ces souffleurs. A partir de la fin d'avril ils se promènent par *mouvées* si nombreuses que le fleuve semble couvert de boules d'écume; quelques-uns mesurent quinze à dix-huit pieds. Faute de baleine, je me serais contentée de la rencontre d'un marsouin de belle taille. La vérité m'oblige à dire que je n'en ai pas vu un seul, grand ou petit. Et pourtant rien de ce qui s'est produit sur le Saint-Laurent depuis sept heures du matin n'a pu passer inaperçu pour moi. A peine ai-je quitté mon poste sur le pont pour aller faire un repas rapide et frugal, car la table n'a rien de recherché, pas plus que mon logement particulier dont s'excuse le capitaine, homme aimable, préoccupé du bien-être des passagers auxquels il vient de temps à autre tenir compagnie.

— Un peu plus tard dans la saison, me dit-il, vous auriez la lumière électrique, mais je vous avertis que le règlement ne permet ni lampes ni bougies dans les cabines par crainte du feu.

Là-dessus il se met à me décrire la haute élégance des steamers d'été, l'aspect animé du pont couvert de touristes américains, de demoiselles fort gaies qui dansent, flirtent et font de la musique, jusqu'à ce que la solitude et la simplicité de ce pauvre petit bateau d'hiver où je suis me paraissent en comparaison chose délicieuse.

La station prochaine, à la Malbaie, provoque autour de moi une explosion de sentiments patriotiques : les Anglais ne s'obstinent-ils pas à la nommer Murray Bay, d'un nom ennemi, celui du général Murray ? Oublie-t-on que, sous prétexte de garder une conquête encore mal assurée, ce remplaçant de Wolfe appliqua cruellement la loi martiale ? Pour tout autre que les Anglais, Murray Bay ne sera jamais que la Malbaie, du nom que lui donna Champlain.

C'est une brillante station d'été que nous appellerions volontiers le Trouville du Canada, si l'on chassait à Trouville l'ours et le caribou, si des forêts presque vierges rejoignaient la plage normande. On prend aussi des bains de mer à peine adoucis, quant au sel s'entend, car ils sont aussi froids que possible. Le bateau s'arrête à Pointe-à-Pic, l'une des deux pointes de la baie; l'autre se nomme Cap à l'Aigle : c'est sur ces deux promontoires, à une certaine distance de la ville, que sont bâtis les hôtels et les jolies villas américaines en bois dans le style coquet et ultra-moderne qui diffère si complètement des vieilles et solides demeures canadiennes sans aucune prétention esthétique.

La halte est assez longue pour que l'on puisse profiter de l'offre d'une des nombreuses voitures qui proposent de vous conduire. Rien de curieux comme ces véhicules surannés, *calèches* ou *planches*, les premières pareilles à celles dont Montcalm se servit pour aller à Québec et qu'il décore du nom trop flatteur de *cabriolets*, espèce de tapecu à deux roues, peint en jaune très souvent, abominablement crotté, quel que soit le temps, avec place pour deux personnes et le cocher assis devant sur un banc très étroit. Quelques-unes doivent être de l'époque même de Montcalm, si vieilles, rouillées, dépenaillées et sonnant la ferraille. Les *planches*, beaucoup plus élastiques, sont de longues planches en effet qui reposent sur les deux essieux sans aucun ressort et couvertes comme des tapissières. Je remarque que les clients interpellent généralement leur cocher par le titre peu élégant de charretier. Son *marche donc*, comme on appelle le cheval, stimulé à chaque instant par cette exclamation locale, est une bête efflanquée qui part au galop sur les raidillons et arrive en haut sans souffler.

Les chevaux canadiens descendent tous plus ou moins directement des étalons et juments tirés des écuries royales qui débarquèrent à Québec en compagnie de quatre-vingts « filles d'honneur » destinées aux colons, et de soixante-dix artisans avec leur outillage (1665). Les Hurons, les comparant à celui des animaux indigènes qui leur ressemblait le plus, l'original, une espèce d'élan, tombèrent en admiration devant des orignaux si bien dressés. D'autres chevaux et des ânesses, envoyés à deux ou trois reprises, furent distribués chez ceux des gentilshommes qui s'occupaient activement d'agriculture. L'âne seul refusa de s'acclimater. De tous les animaux transportés de France, qui, sauf cette seule exception, pullulèrent rapidement, comme les humains, le cheval fut encore celui qui se multiplia le plus. Les chevaux offerts ainsi par Louis XIV, et dont on a comparé l'apparence à celle de leurs frères des Ardennes, se sont écartés depuis pour la plupart de ce type primitif; les croisements avec différentes races ne les ont point embellis, mais ils ont conservé leurs qualités de vitesse et de patience, ne craignant ni les côtes ni les mauvais chemins, ni le froid, ni la tempête, ni cette aveuglante *poudrerie* qui se dégage de la neige gelée quand le vent la balaye. Solides et rustiques, ils sont parfaitement appareillés aux braves gens qui se servent d'eux, Français au fond, mais ensauvagés jusqu'à un certain point.

Je l'ai déjà dit : il y eut de singuliers rapprochements entre les deux races rouge et blanche. Les sauvages empruntèrent aux blancs le goût des liqueurs fortes, les blancs prirent aux sauvages quelques-uns de leurs procédés de guerre; ils s'étaient battus ensemble en alliés. Franciser les Indiens paraît avoir été impossible; il fut plus facile aux Français de s'*indianiser*. Dès le XVIII° siècle les pipes, les souliers, les ceintures, les jarretières des Canadiens sont à la mode indienne. Thoreau, dans son *Yankee au Canada* plein de remarques ingénieuses, de paradoxes et de malentendus, a dit drôlement : « Tandis que nous autres, descendants des Pèlerins, nous apprenons aux Anglais l'art de faire des bottines à vis, les descendants des Français au Canada portent encore le mocassin sauvage. » —Cette remarque très juste peut s'appliquer à autre chose encore qu'à la chaussure, — aux mœurs en général, à l'éducation, aux différences fondamentales de l'esprit de trafic d'une part et de certains préjugés chevaleresques de l'autre.

Ce qui est curieux, c'est que les sentiments et les habitudes des Canadiens semblent s'être communiqués dans la province de Québec aux étrangers établis parmi eux. Lors de la conquête, le district de la Malbaie fut octroyé à des concessionnaires écossais dont on ne reconnaît plus aujourd'hui les descendants que par leurs noms; ils ne savent parler que le français. De même il arrive assez souvent que des matelots suédois, déserteurs de navires qui passent sur le Saguenay, restent cachés dans le pays et s'y établissent. En très peu de temps, leurs fils deviennent Français. Cette force de cohésion que montre la population française du

Bas-Canada, cette persistance à garder l'unité nationale est très caractéristique de la race; elle s'affirme jusqu'à un certain point, même en Louisiane, tandis que dans tout le reste des États-Unis on voit les Allemands, les Hollandais et autres émigrants se confondre très vite avec la masse des citoyens. J'aurais voulu pouvoir m'attarder à loisir dans les intérieurs ruraux et faire ample connaissance avec l'intéressante personnalité de l'habitant.

— Vous aurez l'occasion de le connaître bientôt, me dit en riant un passager, auquel j'exprime ce regret. C'est aujourd'hui jour d'élections générales. Jean-Baptiste ne manquera pas de se montrer.

Jean-Baptiste est le sobriquet du Canadien, sa fête nationale étant célébrée à la Saint-Jean.

Après la Malbaie, la neige apparaît plus fréquente au flanc des rochers, la coloration verte des eaux s'accentue; des falaises en demi-cercle vous donnent toujours cette impression particulière d'arriver à l'extrémité d'un lac, puis ce sont de nouveaux méandres, des développements inattendus. Le bateau, décrivant une diagonale, se dirige vers Pointe-à-Beaulieu. On ne perd pas de vue la file des Pèlerins, de hauts rochers qui, porteurs d'un phare, se suivent en effet comme des pénitents dans leur cagoule.

Pointe-à-Beaulieu est le débarcadère pour Cacouna et Rivière-du-Loup. De la jetée on découvre cette dernière ville, assez importante, haut perchée au bord de la rivière du même nom avant que celle-ci se jette dans le Saint-Laurent. Autour de la belle église se pressent des maisons blanches. La blancheur tout orientale des murs étonne en Canada ; sans doute, ils sont lavés à la chaux, mais la transparence cristalline de l'atmosphère y contribue aussi.

Cacouna passe pour une plage à la mode. On est dans le pays le plus fréquenté par les amateurs de chasse et de pêche, sur le théâtre de terribles faits de guerre entre sauvages Iroquois et Micmacs, et, comme pour illuminer ce site romantique, entrevu au moment où le bateau, changeant de direction, traverse le fleuve et file droit sur l'embouchure du Saguenay, voilà que se produit le plus splendide, le plus bizarre des couchers de soleil.

Sur la pâleur du ciel, les montagnes ressortent pareilles à des cônes taillés de lapis lazuli, et c'est au-dessus d'elles comme une pluie de petites flammes, de légers nuages d'un rouge de rubis dont les yeux ne peuvent supporter l'éclat. A mesure que descend le soleil, les feux de ces pierreries éparses s'adoucissent ; à la fin, il ne reste plus que des pommelures roses qui font hocher la tête au capitaine et pourraient bien annoncer pour demain le mauvais temps. Les petites vagues striées d'or et de rouge qui clapotent au flanc du bateau pâlissent aussi à mesure que se veloute et s'assombrit le bleu vif de la montagne. Puis tout devient calme, doucement argenté. Le vent qui se lève ride à peine d'abord la surface de cette mer où languissent les dernières traînées d'un feu presque éteint.

L'île au Lièvre et sa voisine, Brandy-pot (Pot-à-l'eau-de-vie), pourraient me raconter plus d'une histoire de naufrage.

Mais la brise fraîchit, et je rentre, chassée par l'humidité, par les ténèbres surtout. Elles tombent autour de moi comme des toiles de théâtre, mettant fin à cette longue journée de changeantes visions, qui m'a paru si courte.

— En été, me dit le capitaine, les passagers restent souvent dehors une partie de la nuit ; parlez-moi d'un beau clair de lune sur le Saint-Laurent ! Ce qui vaut encore mieux c'est, en automne ou bien l'hiver, une aurore boréale.

Et il me décrit le phénomène : ces gerbes lumineuses qui s'élancent, ces lueurs qui ser-

pentent, s'épanouissent, se développent sur différents points du ciel, pareilles le plus souvent
à des gazes blanches flottantes où glisseraient
des reflets de diverses couleurs. On entend en
même temps un bruit comparable au froisse-
ment de la soie.

Plus de baleines! pas d'aurore boréale! Voilà
deux sujets de désappointement. Je me console
en lisant sous la lampe, après un médiocre
souper, les *Légendes canadiennes* que j'ai empor-
tées dans mon sac et qui se passent presque
toutes sur la côte que nous venons de quitter,
vers Kamouraska et la Rivière Ouelle; l'histoire
de *la Jongleuse*, entre autres, cette terrible sorcière, inspiratrice des pires cruautés iroquoises
et qui souleva les cinq nations contre la colonie.
Avec le secours évident du diable, les jongleurs
et jongleuses faisaient tourner et sauter une
cabane comme aujourd'hui chez nous tournent
les tables, preuve que les esprits frappeurs
n'ont pas attendu pour se manifester les progrès
du magnétisme moderne. Ce récit qui participe
de la féerie et de la réalité, cette suite émou-
vante d'aventures guerrières, d'hallucinations
fantastiques et de supplices sanglants me pas-
sionne. Il est délicieux de penser que la Pointe
aux Iroquois et le Cap au Diable, si près des-

quels j'ai passé, en ont été le théâtre, que les traces des raquettes de la féroce Jongleuse sont encore imprimées sur les rochers du rivage où j'aurais pu les voir. Quelles conditions excellentes pour une lecture que de la faire sur place !

Mais qu'entends-je ? serait-ce tout de bon une attaque de sauvages ? Le *Saguenay*, qui vient de s'arrêter, est-il pris d'assaut ? Je suis si pénétrée de mon sujet que l'invraisemblance d'un pareil événement ne me frappe qu'après réflexion. C'est sur le bateau un bruit de pas lourds, de gros rires et de grosses voix; il semble qu'une foule excitée, tumultueuse, monte à bord. Je sors du salon et je me trouve devant une manifestation du caractère le plus cordial, mais aussi le plus assourdissant. Le résultat des élections générales de la province de Québec a pénétré jusqu'à Tadoussac, où nous venons de nous arrêter et de tous côtés on est venu féliciter le député de Chicoutimi, M. P..., l'un des heureux de la journée. La politique est l'excitant par excellence pour le Canadien de toute classe. Et, selon l'usage, des rasades copieuses ont préludé sans doute à l'ovation. On crie très haut, on se pousse ferme sur le quai, sur le pont et à l'étage inférieur du bateau, tandis que des manifestants plus *select* envahissent le salon. Un petit groupe cependant s'efface et reste sombre. Pourquoi ? C'est qu'il représente les conservateurs, battus à plate couture; depuis l'existence de la Confédération jusqu'en 1886, ils avaient été constamment au pouvoir; ensuite les libéraux ont gagné du terrain et cette fois ils emportent plus de trente sièges. En présence de la consternation peinte sur les visages, je m'inquiète comme si l'on m'eût annoncé le succès du radicalisme dans une Chambre française, car je ne suis encore que fort peu au courant des nuances infiniment faibles qui en Canada distinguent l'un de l'autre les deux partis opposés. Au fait je ne sais rien, sauf que, les dimanches précédents, le prône de la grand'messe à Québec m'a paru avoir pour but de diriger plus ou moins discrètement les élections. Je m'informe donc :

— Le mal est-il si grand ?

— Ah ! certes, oui, l'opposition triomphe partout.

— L'opposition à quoi ? Auriez-vous un parti rouge ?

— Pas comme vous l'entendez, mais pourtant...

— Ce M. P... tant acclamé serait-il un personnage dangereux ?

— Mon Dieu !... il avait été élu comme conservateur en 1892.

— Et depuis lors il a tourné casaque ?

— Non... seulement il est devenu libéral, c'est-à-dire qu'on lui a opposé un adversaire plus conservateur que lui, et il a battu celui-là avec trois cents voix de majorité !

Les titres de libéraux et de conservateurs sont donc ici tout à fait relatifs.

Cependant le bruit continue. Je me retire dans ma cabine sombre, meublée comme une modeste petite chambre d'auberge française; la clarté douteuse qui vient du salon y filtre par une porte vitrée à carreaux dépolis. Tout se passe en somme chaleureusement, mais avec un ordre parfait. Jean-Baptiste porte bien la boisson. Je me souviens d'un trait qu'on m'a conté à ce sujet. Un gros fermier canadien, qui s'était donné le luxe d'aller voir « le vieux pays », demande de l'eau-de-vie dans un restaurant de Paris. On lui apporte un carafon et un petit verre. Avec un coup d'œil de mépris au garçon stupéfait, il réclame un grand verre et un litre, boit coup sur coup pour seize francs de cognac, se déclare volé quand surgit l'addition et s'en va la tête haute, d'un pas ferme, devant les gens qui s'entre-disent « Le malheureux! Il tient debout! » Sur cette histoire caractéristique, je m'endors dans un mauvais lit, après avoir essayé de découvrir ce que je sais être l'entrée de Saguenay, mais la nuit a peu d'étoiles; je vois seulement flamboyer de loin un phare flottant, et j'ai l'impression que nous nous enfonçons dans une espèce de gorge très noire. Puis je rêve que je suis dans un marché de Basse-Normandie, les *j'avions*, les *j'étions* me sonnent aux oreilles avec une même épithète, le *maudit*, répétée je ne sais combien de fois. ***Sous le respect que je vous dois*** revient souvent dans un récit embrouillé qui doit être celui du grand événement de la veille. Enfin j'entends :

— Ous qu'il est? Je m'en vas le quérir (prononcé *cri*).

J'entends aussi que le candidat malheureux était à bord comme son rival, mais qu'il est descendu en route pendant la nuit. J'entends bien d'autres choses. Les cloisons sont si minces et le député de Chicoutimi et Saguenay est couché dans la cabine proche de la mienne. Ses féaux électeurs sont venus de grand matin lui faire leur cour en bottes fortes.

7.

C'est un personnage important que le député de Chicoutimi et Saguenay. M. l'abbé Huard, qui a de l'humour et de la gaieté, a très bien expliqué qu'il représente à la Chambre des communes du Canada la division électorale la plus étendue qu'il y ait dans l'univers, tout ce territoire qui comprend la vallée du lac Saint-Jean, celle du Saguenay et la côte du Labrador jusqu'au Blanc-Sablon.

— Il est vrai, ajoute le supérieur du séminaire, que cette région est inhabitée en grande partie et le sera jusqu'à ce qu'il n'y ait plus de place sur le reste du globe.

Mais ne trouvez-vous pas distingué d'être le représentant des solitudes?

Où donc sommes-nous, par parenthèse?

Échoués quelque part sans doute, car le bateau reste immobile. Je mets la tête au hublot et je vois devant moi ce qui me paraît être le bout du monde, une grève aride et déserte où sont semées quelques misérables cabanes en bois. Je m'habille à la hâte, je m'encapuchonne comme pour une excursion en Laponie, et je sors du bateau sans réussir à me rendre compte du lieu où je suis, ce qui n'est pas très étonnant, les premiers navigateurs ayant éprouvé dans la baie de Haha la même perplexité. Ha! ha! fut un cri de surprise autant que de joie qu'ils poussèrent en découvrant que le golfe de sept milles de long où ils entraient n'était pas un bras décevant du fleuve noir inhospitalier, mais un port admirable rencontré au moment où ils désespéraient de jeter l'ancre nulle part. Avec l'aide du capitaine qui a pitié de mon ahurissement, je m'oriente cependant peu à peu et j'arrive à comprendre que nous sommes entre les villages de Saint-Alphonse et de Saint-Alexis, au centre d'un grand commerce de bois de charpente.

L'existence de ces villages ne remonte pas loin. Jusqu'en 1837, il n'y avait eu aucune tentative de défrichement sur le Saguenay, sauf celles des Pères Jésuites, car les fermiers du domaine du roi d'abord, la Compagnie de la baie d'Hudson, ensuite, avaient intérêt à empêcher qu'on ne vînt les troubler dans leurs privilèges de chasse ou de pêche; ce qui n'empêchait pas les coureurs de bois et les missionnaires de s'aventurer sur le « fleuve de la mort », sans grand souci des gardiens fantastiques qui, selon les légendes sauvages, enregistrées par le Père de Charlevoix, défendaient ses rives : monstres verdâtres, de la couleur des glaces, qui ne font que boire et ne mangent jamais; géants qui n'ont qu'une seule jambe, une cuisse, un pied énorme, deux mains au même bras, la poitrine et la têtes plates; pygmées difformes, que sais-je? Comment un pareil cadre n'aurait-il pas été peuplé par l'ignorance d'effrayantes apparitions? Qu'on se figure un gouffre perpendiculaire de quarante lieues de long, soudainement ouvert, à une époque inconnue, entre le Saint-Laurent et une mer intérieure, le lac Saint-Jean, dont les eaux se précipitèrent avec celles de toutes les rivières qu'il reçoit dans ce qui est devenu depuis le lit bouleversé, tumultueux de Saguenay[1] Les secousses volcaniques, qui maintenant encore produisent parfois des éboulements, ne laissent aucun doute sur la nature de ce formidable cataclysme; il en résulte un des plus curieux phénomènes qui se puissent imaginer, un Styx d'une profondeur de mille pieds à certaines places, impraticable à d'autres pour les plus petits bateaux, roulant ses flots ténébreux parmi des rochers énormes. Le nom de Chicoutimi est un avertissement aux navigateurs; il leur dit en langue indienne

1. Lire l'ouvrage un peu touffu, mais si nourri de renseignements, *le Saguenay et le bassin du lac Saint-Jean*, Québec, 1896, où cette hypothèse est exposée de la façon la plus saisissante par un écrivain du pays, M. Buies.

jusqu'où c'est profond. Ensuite ce ne sont que cascades et rapides dans un défilé de rochers toujours plus étroit où se confondent les deux canaux sortis du lac Saint-Jean, la Grande et la Petite-Décharge.

Les Jésuites portèrent dès le XVIIe siècle l'Évangile aux sauvages ; mais leurs missions avaient pris fin quand un habitant de la Malbaie, Alexis Tremblay, dit Picoté, entreprit d'établir des chantiers sur le Saguenay. Une compagnie de vingt et un associés se mit à faire, comme on disait, la pinière. L'humble épopée de ces bûcherons n'est pas sans grandeur ; le travail, terriblement dur, dans un pays où la glace reste souvent jusqu'à la fin de mai, eût été fructueux sans les accidents, rupture par suite du dégel des *booms* destinés à retenir les billes de bois sur la rivière, incendies terribles qui plus d'une fois dévorèrent la forêt, atteignant même le village, et, avec cela, Dieu absent, pouvait-on croire, puisque aucun prêtre ne venait chanter la messe, assister les mourants. Cette dernière privation ne fut pas longue ; tout le monde se rappelle le zèle apostolique déployé par les Pères Oblats. Mais ils ne purent empêcher par malheur, si pieuse que fût la population, le développement de l'ivrognerie, qui, s'ajoutant à d'autres désastres, ruina la compagnie des Vingt et Un. Elle dut céder ce qui lui restait d'actions au grand industriel anglais, M. William Price, et le magasin de la maison Price se trouve encore sur l'emplacement même de la première cabane construite en bois rond. Une certaine prospérité s'ensuivit. Saint-Alphonse est, de toutes les paroisses de Saguenay, celle où le commerce des *bleuets* (airelles) est le plus considérable, rapportant par an vingt-cinq mille dollars au moins. L'église de Saint-Alexis a un toit luxueux de fer-blanc, et les deux villages réunis ne possèdent pas moins de trois écoles.

Le supérieur du séminaire de Chicoutimi, qui revient de dire sa messe à terre, me fait un grand éloge des Oblats, qu'il a retrouvés au Labrador chez les sauvages Montagnais, et surtout du Père Arnaud, leur supérieur. Ce Provençal d'Avignon affronte depuis cinquante ans la rigueur d'hivers presque polaires. Il avait commencé sa carrière à Saint-Alexis, courant toujours avec la même célérité en canot et à la raquette, s'efforçant d'établir des écoles médiocrement souhaitées par la population, donnant la chasse au caribou pour se mieux familiariser avec les sauvages. Maintenant il vieillit à Betsiamis, sur la côte nord, et il y consacre ses rares loisirs à l'histoire naturelle. Une seule fois il est allé à Paris, et l'ennui l'en a très vite chassé.

Nous nous remettons en route sous un ciel bas aux nuages gris ourlés d'argent que déchirent çà et là de pâles rayons et, sortis de ce bassin magnifique, nous nous trouvons entre les berges tourmentées de la bizarre et mystérieuse rivière, barrée par des îles et des caps de granit qui forcent le bateau à de savantes manœuvres. Les terres d'alluvion, entassées sur la rive à des hauteurs diverses et souvent énormes, sont percées de rochers, les uns polis par l'assaut des vagues, les autres couverts d'épinettes et de trembles. Nous gouvernons autour du cap à l'Ouest dont le massif imposant s'avance dans les eaux qu'il divise. Celles-ci, lourdes et noires, semblent charrier de la neige. Je regrette que les forêts au pied desquelles nous passons soient encore dépouillées, mais elles ont cependant leur beauté hivernale, puisque le sapin y domine, et les tons roux qui se mêlent à cette verdure résistante, impérissable, victorieuse des glaces, sont exquis sous le tremblant soleil qui peu à peu se dégage,

Le Saguenay a ici deux milles de large environ ; il se rétrécit après ce que le plan du parcours, déplié sur mes genoux, indique comme la rivière Orignal, nom qui évoque l'image d'un ruminant au poil léonin, de plus haute taille qu'un cheval, plus lourd qu'un cerf et inclinant avec effort, pour boire, sa tête chargée d'une forêt d'andouillers. Les petits torrents tributaires du fleuve se précipitent à des distances rapprochées entre les mamelons qu'ont soulevés leurs eaux et les roches qu'elles semblent avoir lancées autour d'elles en se jouant. Il n'y a pas de coin du monde où la nature soit à la fois plus sévère et plus turbulente.

Cependant, quelques fermes commencent à se montrer. Cette argile recouverte de sable, et qui a parfois six cents pieds d'épaisseur, est d'une fertilité extraordinaire ; lorsque les colons, les éleveurs viendront en plus grand nombre remplacer les bûcherons, la région du Saguenay prendra une importance agricole qu'il est permis de prévoir déjà. Aux environs de Chicoutimi, la zone qui court entre la montagne et le rivage est bien cultivée, mais généralement on préfère travailler aux chantiers, ou vivre au jour le jour du commerce des bleuets et de la gomme de sapin.

L'aspect de la grande scierie, autour de laquelle la ville s'est groupée peu à peu, me donne l'impression d'un sacrilège commis, d'un sanctuaire violé. Là descendent en effet les forêts massacrées, et c'est le lot de la rivière Chicoutimi, si rebelle qu'elle soit à toute navigation, de les apporter dans son écumeux tourbillon de chute en chute, de portage en portage.

Une fois arrivés de cette façon aux moulins, les grands bois du Canada subissent toutes les transformations qu'il plaît à l'industrie humaine de leur infliger, depuis le madrier jusqu'à l'allumette, et des navires de toutes les nations, remorqués par un vapeur, viennent chercher dans le port la poésie, la beauté, la majesté mêmes, réduites à l'état de marchandise. Métier fort prosaïque, qui fit la fortune de Chicoutimi. Grâce à lui, cette ville de quatre mille âmes a un chemin de fer, une usine électrique, et peut compter dans l'avenir sur de hautes destinées. Déjà elle se présente avec un certain orgueil. De très loin avant de l'atteindre, on voit, sur la falaise escarpée au pied de laquelle bruit son commerce, de grands bâtiments qui, par leur mine imposante, se distinguent des maisons de bois d'alentour. C'est la cathédrale, c'est le séminaire, c'est l'évêché, ce sont des couvents, c'est l'Hôtel-Dieu qui fut d'abord réservé aux marins, puis qui est devenu un hôpital ouvert aux vieillards, aux infirmes, aux orphelins; là mourut le premier évêque, monseigneur Racine, à qui l'on fait remonter la plupart des fondations de bienfaisance et d'instruction du pays.

Au débarcadère, ovation nouvelle faite à l'élu du comté; l'air retentit de hourras, des drapeaux rouges s'agitent qui n'ont rien de séditieux. Quelqu'un me dit en haussant les épaules : « Si son concurrent l'avait emporté, les mêmes gens s'égosilleraient de la même façon, seulement les drapeaux seraient bleus. Ils ont si peu d'occasions de s'amuser! » Jamais je n'avais encore vu pareille affluence de voitures, toutes pavoisées, sans être pour cela moins crottées qu'à l'ordinaire. Le député, se frayant avec peine un chemin au milieu de la multitude, fumante de passion électorale, monte dans l'une d'elles. Je m'étonne que l'exemple de Montréal, où l'on dételà les chevaux de l'honorable M. Marchand, ne soit pas suivi à Chicoutimi; peut-être la pente est-elle trop raide pour permettre ce genre de délire. En un clin d'œil toutes les autres calèches sont envahies par le cortège; à peine s'il reste la plus piteuse de toutes à ma disposition, mais, si sale qu'elle

soit, et si peinte en jaune, elle a comme toutes
les autres un cocher obligeant et un bon cheval.
Me voilà donc lancée pêle-mêle avec les manifestants au grand galop, au milieu des accla-
mations, figurant, bon gré, mal gré, dans cette
scène toute locale, bien que j'aie eu soin de
dire en montant qu'on me conduisît au séminaire. Le dernier mot très courtois de M. le
Supérieur a été en effet pour m'y inviter.

Marche donc! Marche donc! Encouragés ainsi
nous atteignons très vite par bonds et par
secousses la cathédrale, perchée sur la route la
plus creusée d'ornières qui se puisse trouver
dans les deux mondes. Je suis avertie qu'elle est
d'un style corinthien très pur, mais ce qui me
frappe surtout, c'est son énormité. Elle suffirait
comme dimensions à une capitale. La vue du
trône de l'évêque me fait penser à ces visites
pastorales laborieusement poussées sur d'immenses étendues, soit en chaloupe, soit même
à pied lorsque les chevaux n'existent pas, vers
des paroisses où, par permission spéciale de
Rome, on chante la messe en langue monta-
gnaise, où n'arrivent que quatre courriers par
hiver, où l'église en tant que bâtiment est
encore à naître parfois, un des fidèles prêtant
sa demeure comme il arrivait chez les premiers

chrétiens. Et c'est bien tout de bon l'église primitive; l'évêque a besoin d'autant d'énergie physique, ou il s'en faut de peu, qu'un trappeur. Chemin faisant, il célèbre des mariages, donne la confirmation, bénit les barges qu'on lui amène; sur son passage une fusillade d'honneur bien nourrie retentit; les canots d'écorce volent au-devant de lui et de pauvres missionnaires, qui parfois desservent jusqu'à vingt lieues sans se plaindre, lui apportent l'hommage de leurs travaux, de leur zèle infatigable, de leur santé détruite au service des sauvages et des pêcheurs de morue.

Plus haut encore sur la falaise, est planté le séminaire. Les portes massives roulent devant moi. Je retrouve dans son empire M. l'abbé Huard. Deux cents jeunes garçons reçoivent ici le bienfait de l'instruction; il y a un cours commercial, mais beaucoup d'élèves font des études complètes. Un journal, *l'Oiseau-Mouche*, imprimé au collège même, répand les élucubrations de ceux que tourmente le démon d'écrire. J'y ai lu de très bonnes critiques dont je dénonce l'auteur, un professeur de rhétorique capable de la plus fine ironie. Se moquait-il un peu en disant que pendant son séjour à Paris le froid l'avait fait souffrir? Je serais tenté de le croire, vu les hautes latitudes où nous sommes, si l'abondance des moyens de chauffage, poêles et calorifères, ne me faisait comprendre ce paradoxe apparent qu'on a froid partout, sauf dans l'extrême nord. Le cabinet du supérieur est rempli d'échantillons d'histoire naturelle, reptiles, insectes, herbiers; des livres couvrent les murs; c'est de là que part une publication intéressante, *le Naturaliste Canadien*, c'est là que s'achève pour le moment le livre sur le *Labrador* que son auteur promet de m'envoyer, — promesse qui a été tenue à ma grande satisfaction et à mon grand profit.

La salle de récréation des élèves, une sorte de hall garni d'engins de gymnastique, permet de se livrer sans sortir aux exercices les plus violents. Il y a quelques fleurs dans le fumoir des professeurs, tous prêtres, bien entendu; je n'ai pas vu d'autre luxe. Les classes, la chapelle, tout est fort simple et même d'une âpre rusticité qui sent la mission et prend à cause de cela un grand caractère; ces lourds volets, ces barreaux massifs, ces murs de forteresse semblent capables de soutenir un siège contre les glaces et contre les Iroquois. Ce n'est pas la moins rude des missions en effet au Canada, que celle de l'enseignement; tous les

fondateurs de collèges catholiques commencent sans capitaux, mal secondés par une population que ne dévore pas le besoin de s'instruire, avec la menaçante concurrence des écoles protestantes riches et bien patronnées. J'aurais voulu oser dire à ces vaillants propagateurs des études classiques et des lettres françaises, combien j'estimais leur désintéressement et leurs efforts. Je leur aurais peut-être demandé en même temps pourquoi ils affublent leurs pauvres élèves d'une espèce de redingote bleue passepoilée de clair sur toutes les coutures, comme on n'en voit qu'à la Comédie-Française dans le vieux répertoire.

Non loin du séminaire, les religieuses du Bon-Pasteur, venues de Québec, rendent les plus grands services en formant à l'enseignement des institutrices. La montagne est couronnée par le monument de William Price, le type même du grand marchand anglais, conquérant, pionnier et potentat, dont le nom est répété avec respect et reconnaissance tout le long du Saguenay où il échelonna ses moulins à vapeur, de Tadoussac à Chicoutimi, même au delà, car il a porté l'industrie forestière jusqu'au lac Saint-Jean.

« Le père du Saguenay », comme on l'appelle,

vint au Canada en 1810 et comprit tout de suite quels prodigieux bénéfices rapporterait l'exportation de ces forêts inépuisables. Le blocus continental imposé par Napoléon empêchait alors les pays qui avaient conservé des relations avec la Grande-Bretagne de s'approvisionner en Norvège. M. Price mit cette partie du Canada en coupe réglée et sa dynastie continue son œuvre avec le même renom d'énergie, de probité, d'initiative. Le manoir actuel des Price est situé, avec les jardins qui l'entourent, sur l'emplacement de l'ancienne boutique où leur père faisait vendre des vivres et des effets aux hommes du chantier. A cette époque, il ne pouvait passer qu'à cheval à travers Chicoutimi, faute de chemins praticables. M. Price semble avoir réuni en sa personne toutes les qualités que la politique anglaise a déployées au Canada : force, justice, tolérance et savoir-faire. Il s'est mesuré avec la nature rebelle, avec la Compagnie d'Hudson, plus difficile encore à manier, car elle prétendait tout accaparer pour son compte, et il fallut en venir à de véritables combats corps à corps livrés par les ouvriers des deux puissances; il a créé une industrie qui constitue à elle seule près de la moitié du revenu public. Avant 1840, rien n'existait encore à Chicoutimi que la mission et le poste de la Compagnie de la baie d'Hudson. Comme ils le font aujourd'hui encore sur la côte nord, les sauvages venaient chercher là des provisions lors du départ annuel pour la chasse et payaient au retour en peaux de bêtes, ne se faisant pas prier pour donner plus qu'ils ne devaient si la chasse avait été bonne, se croyant quittes en revanche avec les fournisseurs lorsqu'elle avait été mauvaise. On conçoit que cette naïveté en affaires fût férocement exploitée !

. . . .

Quand nous sortîmes du port de Chicoutimi, pour revenir sur nos pas, un blanc soleil septentrional faisait valoir mieux qu'à l'arrivée tous les détails du paysage, l'éclair des chutes d'eau, le luisant des hauts rochers, la couleur des buttes de sable chargées de bois parfois brûlés. Une triple chaîne très distincte de montagnes bleues nous accompagnait à l'horizon. Et je crus rencontrer pour la première fois, en arrivant devant elle, cette baie enchanteresse de Haha que j'avais cependant quittée le matin même. A distance, les pauvres établissements qui la bordent ne comptent plus ; il n'y a que son immense étendue, sa courbe superbe entre les deux caps avancés où glissent de longues chutes de neige, la fine couleur violette des collines qui lui servent de cadre, avec leur chevelure de forêts. Vue ainsi de face, la grande baie semble appeler la création d'une ville monumentale dont le mirage s'offre à moi : colonnades de nacre vivante, coupoles de neige, palais de nuages; rien d'analogue assurément à ce que peuvent être tentés d'y bâtir les Américains de New-York, ses habitués pendant l'été. Ils viennent sur de grands vapeurs, pousser à leur tour le « haha ! » satisfait des gens qui trouvent qu'ils en ont pour leur argent.

En face de Haha se dresse le cap à l'Est verdi à la base, chauve à la cime, tout à fait perpendiculaire. D'énormes blocs de granit ont roulé de son sommet jusque dans le fleuve qu'ils obstruent; entre lui et le cap à l'Ouest le passage est si étroit qu'on s'étonne que le bateau puisse passer, ce bateau qui a tant contribué à civiliser la région, à faciliter l'écoulement des produits chicoutimois et autres. Combien les génies de l'avalanche et des tempêtes cachés dans tous ces récifs doivent maudire et menacer la Compagnie Richelieu-Ontario ! Mais elle les brave insolemment en faisant siffler sa vapeur, et il faut le lui pardonner, puisque sans elle nous ne serions pas ici.

Ce que des esprits chagrins pourraient reprocher au parcours de Saguenay, c'est la continuité d'un pittoresque à outrance; il n'y a pas de parties sacrifiées pour faire ressortir tel ou tel accident; on n'a pas le temps de respirer, tout est marqué d'une beauté sinistre, absolument ininterrompue; toujours ces mêmes pans de montagnes abrupts que Gustave Doré a peints plus d'une fois émergeant des glaces dans de nocturnes paysages qui n'étaient pas de fantaisie, tout surnaturels qu'ils pussent paraître. La glace a fondu, mais il reste une large et solide corniche de cristal le long du bord, et les cascades figées, les stalactites immobiles pendent au flanc noir du rocher sillonné de rides ou de crevasses. Parfois, il est vrai, le grand écran de pierre s'écarte et laisse entrevoir des prairies ou des bois, comme la mort laisserait soudain apparaître un coin de la vie, mais la muraille se referme vite, si absolument inaccessible, si cruellement inhumaine que c'est un soulagement de compter les anses rares où s'abritent des amas de bois de corde attestant que quelque chose respire, agit, travaille. Ce nom d'une des criques, *la*

Descente des Femmes, me ravit, par exemple. Des femmes sont venues? Quand? Dans quelles circonstances?... Il paraît que c'étaient des squaws indiennes, envoyées à la découverte par leurs maris mourant de faim dans l'intérieur du pays et qui, après avoir longtemps, longtemps suivi le cours d'une petite rivière, débouchèrent ici où les visages blancs occupés à transporter du bois les secoururent. Histoire de famine, de misère profonde, en harmonie avec la tristesse écrasante du lieu. Le ciel s'est mis de la partie ; on le dirait lavé à l'encre de Chine, malgré un rayon de soleil intermittent qui ne fait que souligner la menace de pluie. Je ne le voudrais pas moins gris, je ne voudrais pas de feuillage à ces bouleaux nains penchés sur l'abîme, à ces lianes desséchées qui, en automne, m'assure-t-on, allument des traînées de pourpre sur tout ce noir. La saison et le site vont si bien ensemble ! Et quelle immobilité, quel silence absolu ! Y a-t-il sur le pont d'autres passagers que moi ? Longtemps je l'ignore. Personne, apparemment, n'a envie de parler. Il n'y aurait de supportable ici que les entretiens de Dante avec Virgile ou la musique de Gluck. Une voix discordante cependant s'élève tout à coup, une de ces petites voix hautes au timbre sec et flûté qui ne peuvent rien dire que d'insignifiant, une voix de jeune fille, hélas !

— Je rentre au salon, dit-elle, on gèle ici, et puis c'est par trop monotone !

Elle se trompe : si les falaises se suivent, elles ne se ressemblent pas. Ce n'est que dans la seconde partie du trajet, en se rapprochant du Saint-Laurent qu'elles paraissent s'adoucir, s'apprivoiser, pour ainsi dire, devenant assez uniformément mamelonnées; l'homme a vaincu; mais auparavant la révolte subsiste et gronde comme au lendemain du jour où cette brèche prodigieuse se forma dans la solitude des temps préhistoriques. On a donné des noms au chaos cependant ; les guides veulent que cela s'appelle le *Tableau* et ceci la *Niche*. Au fait, pourquoi pas ? Le Tableau, taillé tout droit comme d'un seul coup de ciseau, mesure huit cents pieds ; jamais toile plus lisse et plus unie ne fut tendue pour recevoir un chef-d'œuvre ou pour défier la main de l'ouvrier ; la Niche, qu'elle soit romane ou gothique, est un arc mal dégrossi à une hauteur que n'atteindrait aucune architecture ; nul n'entrera jusqu'à la fin des âges dans la nef obscure dont elle marque l'entrée. Longtemps la figure pétrifiée d'un des géants du Saguenay garda cette caverne, la couvrit de son corps, puis cette sentinelle séculaire s'est écroulée soudain, laissant les regards profanateurs pénétrer dans l'antre où naguère on pouvait imaginer et placer tout ce qu'on voulait, où maintenant apparaît la vérité cachée pendant des millions d'années peut-être. Il n'y a rien, la niche était vide.

Cependant l'obligeant capitaine, qui fait les honneurs de son bord à la façon d'un impresario enchanté qu'on applaudisse, paraît, ramenant avec lui cette demoiselle qui trouvait le décor monotone et suivi d'un groupe de gens que le froid humide avait jusqu'ici retenus à l'intérieur. C'est que la pièce, si *sensationnelle* qu'elle soit d'un bout à l'autre, a un *clou* qu'il ne faut pas avoir manqué. Pour beaucoup de gens, le voyage du Saguenay se résume à la rencontre des caps Trinité et Éternité, multipliés par la photographie dans tous les hôtels, dans tous les magasins, de Montréal jusqu'à Québec, et contre lesquels à cause de cela je couve cette mauvaise humeur que vous inspire très souvent ce qui est populaire et indiscuté. Mais il n'y a pas de parti pris qui tienne. Il faut ici comme au Niagara être de l'avis de tout le monde, malgré l'ennuyeuse affluence des curieux, la stupidité des exclamations, et même, ô horreur! malgré certaine annonce peinte en grosses lettres sur l'une des pointes du cap par un grand fourreur de Québec que je voue à la dent des ours vengeurs. Ces vulgarités outrageantes disparaissent dans un ensemble sublime.

Notre bateau, arrêtant sa fumée, s'approche le plus qu'il peut des deux masses syénitiques jumelles qui sortent de l'eau côte à côte, séparées par une baie étroite et d'une profondeur presque égale à leur taille, laquelle, au-dessus du fleuve, est de dix-huit cents et quinze cents pieds. La sonde jetée ici descendrait à mille pieds, me dit le capitaine. Mille pieds de cette eau noirâtre aux bizarres reflets d'agate sur laquelle nous nous tenons dans l'ombre du rocher nous cachant le ciel, tandis que notre œil cherche à suivre jusqu'au fond de l'abîme l'arête vive des assises presque aussi hautes que la muraille elle-même! Chacun devient grave à l'énoncé de ce chiffre; la jolie jeune fille pousse de petits cris de frayeur, quelques messieurs la rassurent galamment.

Le plus grand des deux caps est le moins terrible; il a laissé la végétation du nord prendre avec lui quelques libertés, sa tête est hérissée de sapins, tandis que Trinité s'avance entièrement nu, en justifiant son nom par trois promontoires à pic dont le principal forme en outre trois degrés cyclopéens qui, d'un air de défi, proposent l'impossible escalade. Des cailloux monstrueux roulent autour de lui comme si de rudes combats s'étaient livrés à cette place, et tout le rivage retentit de voix hurlantes ou plaintives éveillées par les moindres bruits démesurément grossis et multipliés. Toutes les protestations que doivent exhaler les forêts longtemps vierges du Saguenay contre ceux qui les violent et les exploitent semblent s'être concentrées ici... Je n'aime pas le coup de sifflet pour ainsi dire réglementaire qui commande à l'écho, je n'aime pas que l'on fasse jouer un rôle à la nature, et pourtant les cris déchirants, les grondements répercutés qui peu à peu s'éteignent, après avoir couru de caverne en caverne, sont quelque chose de si extraordinaire que j'excuse le *bis* poussé par les badauds.

Ce *bis* est suivi de beaucoup d'autres cris pour le plaisir de recevoir dans un roulement de tonnerre des réponses à faire trembler. La halte est assez longue, elle me paraît avoir duré à la fois un instant et un siècle comme ces visions, dont parlent les extatiques, qui les ont conduits en enfer ou au ciel. J'ai été conduite moi, Française, appartenant au pays le plus civilisé qui soit au monde, en pleine sauvagerie, et je sens que jamais plus je ne reverrai cela. Et déjà c'est fini! Bien que la baie qui dort derrière les deux montagnes, couverte et protégée par elles, soit pour le moment déserte, je sais que des navires grands et petits peuvent s'y abriter, qu'ils y séjournent souvent; c'est pour eux que cette statue de la Vierge a été posée sur le mont Trinité, conjurant les mauvais esprits du naufrage. L'apparition en pareil lieu de ce port calme et charmant est une des plus belles idées qu'ait conçues le grand artiste, maître de tous les contrastes. Elle ferait mieux qu'un sermon surgir dans les cœurs les moins préparés à l'émotion religieuse le sentiment de la Providence.

Rien de ce qui suit ne peut être comparé, bien entendu, à ce point culminant du voyage. Il me reste encore le souvenir du vol argenté des mouettes qui passe, se perd, se fond avec une telle douceur dans le gris des nuages, celui des jeux d'un couple de marsouins qui folâtrent dans une de ces anses échelonnées jusqu'à Tadoussac, quelques-unes capables de recevoir les gros vaisseaux de l'Océan. C'est le capitaine qui me signale les *baleines blanches*, et je lui sais gré de leur donner ce nom. Il m'explique aussi que la chaude coloration d'un jaune rouge que je remarque à fleur d'eau en bas des rochers est une barre ferrugineuse. Je croyais à du marbre, ayant entendu parler du fameux banc de marbre blanc aux environs de Tadoussac. Ce large ourlet en saillie indique l'existence du trapp, sur lequel je me tairai prudemment d'ailleurs, ainsi que sur le granit syénitique des montagnes qui bordent le Saguenay, quoique vraiment il soit facile, même aux ignorants, de comprendre à première vue la géologie de ces régions; granit, gneiss, calcaire primitif se montrent partout à découvert. Le gneiss, traversé de nombreux filons métallifères, domine autour de Tadoussac. Cette belle couleur rougeâtre, tranchant sur la marge de glace, colore une longue étendue de la côte et se fait particulièrement remarquer à l'endroit nommé la Boule, dernière falaise importante avant Tadoussac.

Nous nous attardons devant la petite cascade et le quai encombré de marchandises de l'anse Saint-Jean, où, de même qu'à l'embouchure de la rivière Sainte-Marguerite, l'agriculture est en train de faire des progrès.

A Saint-Étienne, les collines de sable forment des espèces de gradins superposés semblables à des dunes; beaucoup d'ouvriers sont au travail autour des chantiers considérables de l'éternel M. Price, partout présent. J'interroge le capitaine sur l'heure de notre arrivée à Tadoussac. Le désir d'aller y saluer la plus ancienne de toutes les chapelles du Canada me tient très fort, mais aussi la crainte que le bateau ne reparte avant que j'aie achevé mon pèlerinage, me laissant sur cette plage, réduite à l'état de Robinson.

— Vous aurez le temps, me dit le capitaine, après avoir interrogé sa montre, mais tout juste.

Je ne sais comment j'osai lui demander, en alléguant mon ignorance et ma maladresse d'étrangère, s'il ne voudrait pas m'accompagner. L'idée était machiavélique autant qu'audacieuse. De cette façon le *Saguenay* ne pouvait pas quitter le port sans moi, sans nous. Et voilà qu'à la descente de l'Anse-à-l'Eau, l'excellent capitaine, tandis que débarquent ses passagers, hèle un « charretier » choisi parmi les plus malins qui, en une demi-heure, bien dirigé par lui, me fait tout voir. Beaucoup plus même que je ne demandais, car je ne me souciais de connaître ni le grand hôtel fréquenté par le beau monde, ni l'élégante villa que se fit construire lord Dufferin en face de la baie, ni tous les jolis *cottages* qui, pour le moment, sont clos, mais qui se réveillent chaque été. Ce qui m'intéressait c'étaient les souvenirs de la mission desservie d'abord par les récollets, puis par les jésuites au temps de la traite des pelleteries et de la pêche de la baleine. Sous la station moderne en vogue où sportsmen et touristes apportent, l'espace d'une saison, tout le tapage de la haute vie américaine, on retrouve encore très bien le petit village de pêcheurs, et la Compagnie d'Hudson, qui a remplacé celle des postes du Roi, est toujours là dans les mêmes vieux bâtiments.

A peu de distance la chapelle, sur une éminence sablonneuse, domine le point de réunion du Saint-Laurent et du Saguenay. Les missionnaires profitaient de l'arrivée annuelle des sauvages. Ils allaient les exhorter et bien souvent, la traite finie, partaient avec eux pour continuer en forêt leur prédication. Un incendie détruisit la première chapelle; ce fut la libéralité de l'intendant Hocquart qui permit de construire en bois de charpente celle qui existe aujourd'hui. Elle renferme encore plus d'un présent envoyé de France, entre autres le fameux Enfant Jésus qui évoque à lui seul le siècle de Louis XIV et semble étonné de se trouver dans cet exil : un chérubin bouffi et fardé, tout en satin et en paillettes, fait pour orner de sa présence quelque crèche de pourpre et d'or dans la chapelle de Versailles. Une de mes amies, Américaine et protestante, me disait en parlant de lui : — Il est si Français, si gai et si touchant à la fois, ce petit personnage de cour ! Un pareil Enfant Jésus dans une pareille solitude... Il y a de quoi pleurer.

Je remarque aussi, parmi les objets dépaysés, un tableau, l'*Ange gardien*, attribué à Boucher, bien à tort je suppose, quoiqu'on puisse admettre que Boucher n'ait pas sacrifié un de ses chefs-d'œuvre en offrande au Canada. De grossiers chandeliers de bois taillés de la main des premiers jésuites, une plaque commémorative en étain trouvée dans les fondations de l'ancienne église-cabane, voilà toutes les reliques du passé, avec la cloche, objet de la plus belle légende qui ait cours sur le Saint-Laurent. Cette cloche, qui sonne depuis deux cent cinquante ans, avait charmé à son arrivée les fidèles sauvages ; chacun d'eux voulait la faire parler à son tour. Or il arriva qu'un siècle après environ, elle parla toute seule et voici en quelle occurrence :

Le Père de la Brosse était un missionnaire jésuite qui traduisit en langue sauvage une partie de la Sainte-Écriture, composa la plupart des livres religieux en usage chez les Montagnais et mérita la réputation d'un saint, tant auprès des blancs de la côte et des îles qu'auprès des Peaux-Rouges. Or, le 11 avril 1782, ce bon vieillard, s'étant acquitté tout le jour des devoirs de son ministère, alla passer un bout de soirée auprès des officiers du poste, causa comme à l'ordinaire, puis, avant de prendre congé, annonça tranquillement à ses amis qu'ils ne le verraient plus vivant sur la terre. Il paraissait si bien portant qu'on ne s'inquiéta qu'à demi de ses paroles; cependant, deux heures après, la cloche de la chapelle se mit à sonner un glas funèbre. On s'y porta et que vit-on? Le Père de la Brosse prosterné devant l'autel, le visage caché dans ses mains jointes. Il était mort. Le lendemain, le curé de l'île aux Coudres vint l'enterrer; lui aussi avait entendu tinter à minuit la cloche de sa propre église, quoiqu'il n'y eût personne pour tirer la corde. Et on apprit depuis que, dans toutes les autres paroisses du Père de la Brosse, à Chicoutimi, aux Trois-Pistoles, à l'île Verte, à Rimouski, à la baie des Chaleurs, les cloches avaient sonné d'elles-mêmes toutes à la fois. Ce fut un deuil général, mais aussi un grand sujet d'édification.

Le sacristain, en l'absence du curé, nous montre la tombe du Père de la Brosse. Pendant bien des années, les Indiens ne manquèrent jamais, en passant, d'aller causer avec leur bienfaiteur chéri. Ils avaient pratiqué une petite ouverture dans le pavé du chœur pour pouvoir y coller leurs lèvres. Après quoi ils appuyaient leur oreille au même orifice afin d'écouter la réponse. — Certes, l'histoire est délicieuse, mais le capitaine qui la sait par cœur n'est pas disposé à laisser attendre ses passagers. Nous remontons dans la calèche et, tout en roulant vers l'Anse-à-l'Eau, mon guide me fait remarquer le grand établissement de pisciculture qu'a créé le gouvernement. Des saumons magnifiques destinés à la reproduction remplissent les vastes bassins et le frai est distribué dans les affluents du Saguenay. A cette même place s'éleva jadis la première scierie à vapeur, le moulin de M. Price. Ces MM. Price en ont encore deux autres aux environs.

Mais je ne suis ni avec les omnipotents Price, ni avec les saumons, je ne vois toujours que la pauvre petite église perdue dans les sables et dominant le port, avec son Enfant Jésus Louis-quatorzien en habit de gala. L'air est rempli pour moi du son des cloches qui tintent le nom vénéré du Père de la Brosse. La vue d'un étang couvert de glaçons me ramène cependant à la réalité.

— Comment! un étang gelé! Au milieu de mai!

Et puis je pense avec satisfaction que je suis en Labrador, non pas géographiquement sans doute, mais si je m'en rapporte au diocèse. Tadoussac est la première paroisse du Labrador sous le quarante-huitième degré de latitude nord.

Je ne parlerai pas de mon voyage de retour, le mauvais temps, qui nous avait, Dieu merci, épargnés jusque-là, ayant éclaté peu après notre sortie du Saguenay. J'eus en cette circonstance l'occasion d'éprouver que le mal de mer peut être redoutable sur le Saint-Laurent. Nous mouillâmes pour la nuit dans la baie Saint-Paul.

L'ÉDUCATION ET LA SOCIÉTÉ AU CANADA.

I

Il me serait presque impossible de donner à mes lecteurs une idée juste et vivante de la société contemporaine au Canada français, sans leur rappeler en même temps sur quelles bases s'est établie cette société, quels éléments sont entrés dans sa formation. Au fond c'était et c'est encore en miniature la société française de l'ancien régime. Le seigneur, proprement dit, a disparu devant la conquête étrangère, mais on dira *la seigneurie* et *la noblesse* tant que les manoirs resteront debout, tant qu'il subsistera des fonctionnaires et un haut clergé. En réalité la seigneurie, dans l'acception féodale du mot, est aujourd'hui la paroisse, et l'organisation paroissiale demeure la base de l'organisation municipale, l'érection de la paroisse religieuse précédant la constitution de la municipalité. C'est seulement quand l'évêque a organisé une paroisse que le décret d'érection est soumis à des commissaires de l'État qui tiennent compte de ce qui a été fait et ordonné par les autorités ecclésiastiques[1]. Ceci suffit à indiquer la prépondérance que conserve le clergé, prépondérance dont il ne faudrait peut-être pas qu'il abusât dans l'avenir, car la dîme et certaines autres taxes réclamées par l'Église commencent à paraître onéreuses.

Le curé détient les registres de l'état civil, il a le droit de visiter les écoles de sa paroisse et d'en examiner les livres. Sa situation présente est à peu près celle qu'il possédait chez nous avant la Révolution. Et, dès leur bas âge, les enfants apprennent que le peuple canadien, cédé à l'étranger, non pas conquis, doit d'exister encore à l'action bienfaisante du clergé, du prêtre patriote qui seul ne l'a pas abandonné; on lui dit que se dévouer à l'Église, c'est se dévouer à la patrie. La reconnaissance à l'Église

---

1. Voir l'excellent petit manuel de *Droit civique* de C.-J. Magnan, professeur à l'École normale Laval, qui renferme les notions les plus précises sur l'organisation politique, municipale, paroissiale, scolaire du Canada français.

entre pour une large part dans cette devise gardée par un castor sur les armes nationales : *Je me souviens.* Il est vrai que la dette est énorme. Le prêtre, on le retrouve à la tête de tout, d'un bout à l'autre de cette histoire si curieuse, si embrouillée par les vagues et arbitraires concessions de territoires que faisaient, chacun de son côté, les gouvernements de France et d'Angleterre. Tous les deux, pendant un siècle et demi, se disputèrent la propriété de l'Amérique du Nord, l'Angleterre au nom de la découverte des Cabot en 1498, la France en vertu du voyage de Verazzano en 1524, Henri IV, Louis XIII, Jacques Ier disposant à tort et à travers de terres dont ils n'étaient pas bien sûrs d'être possesseurs.

Les récollets, les jésuites, les sulpiciens connaissaient en revanche *de visu* le théâtre du conflit, s'y étant transportés de bonne heure, associés aux premières découvertes, et mêlés à toutes les fondations : ils dominèrent sans peine les colons, cultivateurs et soldats. J'ai déjà parlé du magnifique régiment de Carignan-Salières qui, envoyé au secours de l'empereur d'Allemagne pour battre les Turcs, s'était couvert de gloire en Hongrie et avait servi sous Turenne; il se fixa dans la colonie après l'avoir défendue et l'énergie qu'il avait d'abord montrée au feu semble s'être concentrée ensuite sur le devoir d'accroître la population le plus promptement possible. Presque tous les officiers appartenaient à la noblesse, ils reçurent du roi des seigneuries, tandis que leurs hommes se groupaient autour d'eux comme censitaires et « habitants ». Ce mot d'habitant, qui s'est perpétué jusqu'à nos jours, exprime une idée de permanence, de stabilité. L'habitant ne sortait pas sans son fusil, ayant toujours en perspective la chance d'être surpris par les sauvages ennemis, au milieu de ses travaux, trop heureux s'ils lui laissaient le temps de se réfugier dans les forts dont le pays était couvert.

Ces ouvrages palissadés et armés enfermaient ordinairement l'église et le manoir seigneurial. En cas d'alarme la population s'y entassait, et plus d'un fort fut immortalisé par d'héroïques résistances. Témoin Daulac qui, avec seize de ses compagnons, des jeunes gens de Montréal, et cinq ou six sauvages dévoués, barra le passage aux Iroquois partis pour assiéger Québec en 1660. Le fort du Long-Sault où ils se retranchèrent n'était qu'une méchante palissade, de construction indienne. Il tint néanmoins dix jours entiers, et les Iroquois en l'emportant n'y trouvèrent que des cadavres, mais cette longue défense d'une poignée de braves sans vivres, mal retranchés derrière de simples pieux contre sept cents agresseurs, les découragea de s'attaquer aux murailles et à la garnison de Québec. Daulac triompha donc au prix accepté par lui et par ses camarades, le jour où, avec le consentement du gouverneur Maisonneuve, ils avaient, après une communion publique, fait le sacrifice de leur vie. Peut-on s'étonner de la valeur des milices qui comptaient dans leurs rangs des hommes de cette trempe?

Le goût de l'aventure s'ajoutait et s'ajoute encore au courage chez tous les Canadiens; peu capables de persévérance dans le travail, ils trouvent plus de plaisir à chasser qu'à conduire la charrue, et l'intimité des premiers colons avec les Indiens dont ils partageaient les goûts s'explique ainsi. C'est un des traits qui établissent une différence fondamentale entre les commencements de la Nouvelle-France et ceux de sa proche voisine, la Nouvelle-Angleterre. Jamais les Anglais ne se familiarisèrent avec les aborigènes, ils n'eurent jamais d'eux le moindre souci, les refoulant, les supprimant aussitôt qu'ils le pouvaient, maintenant toujours d'implacables distances entre les vaincus et la race victorieuse. L'Indien, sous le joug anglais, n'avait aucuns droits reconnus; les Français pratiquèrent à son égard un système tout différent où la charité entrait pour beaucoup. Il ne faut pas oublier que l'occupation du Canada impliquait un ministère religieux à remplir envers des peuplades barbares. Or, c'était simplement la liberté de penser à leur guise qu'étaient allés chercher les puritains rebelles au despotisme du gouvernement et de l'église établie de leur pays. L'esprit des deux colonies était donc absolument opposé : d'un côté, aristocratique et militaire; de l'autre, civil et commercial. Dès les premiers temps de leur installation sur le rocher de Plymouth, les Américains de l'avenir se proposèrent d'agir en dehors de la métropole, de se gouverner seuls le plus possible et à tout risque; tandis que les gens de la Nouvelle-France, bien éloignés de toute initiative, attendaient l'ordre du roi et vivaient sous l'influence directe du prêtre. L'autorité de celui-ci, selon la politique de Louis XIV, devait faire contrepoids aux autorités civiles, de même que la puissance occulte de l'intendant tenait en échec la suprématie déclarée du gouverneur, tous ces pouvoirs étant d'ailleurs réu-

nis dans sa main paternelle et royale. Il s'ensuivit pour les trafiquants et les pêcheurs de
la Nouvelle-Angleterre, renforcés par l'affluence
toujours grossissante de l'immigration, une ère
de prospérité rapide; pour la Nouvelle-France
au contraire, que le roi craignait de peupler au
détriment de la mère patrie, une colonisation
très lente, une dépendance absolue, et une
pauvreté qui, d'ailleurs, à défaut de puritanisme, fut longtemps la gardienne des mœurs.

Pendant que les Pères pèlerins, uniquement
préoccupés de gain et de liberté, réussissaient
à vivre par leurs propres forces, les Français du
Canada, ne songeant qu'à l'honneur, ambitieux
de places, de commandements, de titres, se
bornaient en fait de besogne manuelle à l'agriculture. Le roi jugeait que les industries coloniales pourraient faire tort aux industries françaises. Non pas qu'il défendît le commerce; il
avait même décrété que ses gentilshommes
pourraient s'y livrer sans déroger, mais c'était
avec des restrictions telles que les tentatives
naissantes se trouvaient vite paralysées. Les
femmes et filles d'habitants, aussitôt pour-
vues de métiers à tisser, fabriquèrent d'excellentes étoffes dont on use dans le pays aujour-
d'hui encore; madame de Repentigny, femme

du brave officier de ce nom, avait appris de prisonniers anglais achetés aux sauvages l'art de filer le coton; elle inventa de faire de la toile avec de l'ortie et avec de l'écorce de bois blanc; toutefois les Canadiens n'avaient le droit de tisser que pour leurs besoins personnels. Le commerce unique, celui qui absorbait l'activité de la colonie, était celui des fourrures. Il y avait à Tadoussac, à Trois-Rivières, à Montréal des foires où les sauvages apportaient les peaux de bêtes tuées pendant l'hiver, la Compagnie des Cent Associés possédant le monopole de la traite. On ne put empêcher cependant, vu la pauvreté générale, les hommes jeunes et actifs de la colonie, de se faire une ressource de la chasse et de trafiquer directement avec les Indiens. Pour régulariser le mal, Louis XIV, qui suivait très attentivement dans les moindres détails tous les gestes de ses lointains sujets, accorda des patentes à certains particuliers, mais de ces patentes, plus d'un se passa; l'espèce vaillante, pittoresque, romantique, tant vantée, tant chantée du coureur de bois surgit, proche parente du bandit, si l'on veut bien admettre des bandits-gentilshommes.

Entre le coureur de bois et le sauvage, l'intimité était des plus étroites; ils faisaient ensemble de belliqueuses excursions chez les fermiers de la Nouvelle-Angleterre qui racontent encore les scènes de pillage que dirigèrent les « gentilshommes français » et, à les en croire, certains prêtres catholiques. Il est très vrai que la surveillance du jésuite ou du prêtre des missions étrangères s'exerça jusque dans les expéditions de cette sorte, mais les historiens protestants en ont pris prétexte pour des calomnies ; ils ne veulent pas admettre que le but du missionnaire, en suivant la horde déchaînée, était d'empêcher autant que possible des atrocités toujours menaçantes. Le sauvage converti était soumis au prêtre comme un petit enfant ; encore fallait-il qu'il n'eût pas goûté à l'eau-de-vie qui faisait de lui un fou furieux.

Ce fut le but constant du clergé que d'empêcher l'Indien de boire ; la guerre violente entre monseigneur de Laval et le gouverneur Frontenac n'eut point d'autre cause. Cette fois le gouverneur fut soutenu par la politique de Colbert qui refusa de supprimer complètement un trafic d'où sortaient de grandes ressources pour la colonie. Il alléguait que les Indiens habitués à l'eau de feu iraient en demander aux Anglais et aux Hollandais. Que pouvait le clergé ? Multiplier les excommunications, les refus de sépulture, user même des châtiments corporels qui tombaient indistinctement sur les Peaux rouges et blanches sans provoquer de révolte, mais aussi sans amener de repentir sérieux. Le jeu, l'eau-de-vie, tels étaient les vices de l'Indien, vices partagés par le coureur de bois.

Chez l'habitant régnaient en revanche toutes les vertus patriarcales. Les familles étaient nombreuses, presque à l'état de tribus, les parents qui tardaient à marier leurs enfants se voyant mis à l'amende, tandis qu'un « don du roi » récompensait toute fille mariée dès l'âge de quinze ou seize ans, sans préjudice de la dot assurée à chacune des fiancées qui arrivaient par cargaisons sur les navires de France et que les colons recevaient de la main des religieuses. La sœur Marguerite Bourgeoys s'acquittait naïvement de cette besogne d'entremetteuse à Montréal : elle habitait la maison des filles d'honneur et présidait aux entrevues; une pieuse veuve, madame Bourdon, s'était chargée du même soin à Québec. Bien entendu, les dots variaient selon la qualité des personnes, mais on se trouvait riche alors avec peu; exemple le contrat de Magdeleine Bochart, sœur du gouverneur de Trois-Rivières, où figurent deux cents francs d'argent, quatre draps, deux nappes, six serviettes, un matelas, une couverture, deux plats, six cuillers, six assiettes d'étain, un pot, un chaudron, une armoire, une table, deux escabeaux, une huche, une armoire et une paire de cochons. C'était là un grand mariage; il appartient au temps où les colons, peu nombreux, étaient triés sur le volet. Le roi facilita ensuite ce qu'il avait d'abord réprimé, il ouvrit la porte à tous pêle-mêle, sauf aux protestants qui eussent transporté en Amérique les forces vives dont la révocation de l'édit de Nantes privait la France. Louis XIV montra en ceci moins de libéralisme que tels de ses prédécesseurs, Charles IX ayant permis à Coligny de fonder un établissement calviniste dans la Floride [1] et Henri IV s'étant intéressé à l'entreprise du sieur de Monts en Acadie.

1. Cette expédition ne réussit pas; la jalousie des Espagnols conspira contre la colonie naissante. On connaît l'horrible épisode des huit cents Français qui, s'étant livrés sur parole, furent poignardés un à un par ordre de Menendez. Leur chef, un brave marin de Dieppe du nom de Ribaut, fut écorché vif et sa peau envoyée à Séville. Tous les cadavres, avant d'être brûlés, se balancèrent à des arbres auxquels on attacha l'inscription suivante: « Ceux-ci n'ont pas été traités de la sorte comme Français, mais comme hérétiques et ennemis de Dieu. »
Catherine de Médicis laissa passer cet affront sans le punir, en haine des huguenots; ce fut un simple particulier, marin

Le Canada, librement ouvert, cessa d'être ce qu'il avait été d'abord, une sorte de communauté religieuse. Le temps vint où la mode de Paris, au rouge près, fut suivie à Québec. Dans le récit de son voyage, fait au XVIIIe siècle, un Suédois, Kalm, très perspicace observateur, s'étend sur le charme des femmes de cette ville, quoiqu'il trouve celles de Montréal plus belles, plus sérieuses aussi ; mais il ajoute que les Québecquoises ont à un plus haut degré l'usage du monde et que leur laisser aller aimable plaît par son innocence même. Il reconnaît que les Canadiennes s'entendent aux soins du ménage ; toutes, sans exception de rang, vont au marché. Leurs magnifiques chevelures sont pour elles l'objet d'un soin particulier. Gaie, vive et spirituelle, la Québecquoise est par l'éducation et les manières une vraie dame

hardi, bon catholique au demeurant, le chevalier de Gourgues, qui vengea l'honneur national. Il vendit tous ses biens, arma trois navires, gagna l'île de Cuba, puis la Floride où il se ligua avec les sauvages mal disposés envers les Espagnols. Ceux-ci venaient d'ajouter deux forts à celui qu'ils avaient enlevé aux Français. M. de Gourgues les prit tous les trois et tailla en pièces la garnison, sauf quelques hommes que, pour l'exemple, on pendit aux mêmes arbres où avaient été accrochées naguère les victimes de France. Puis, à la place de l'ancienne inscription, furent attachés ces mots : « Je fais ceci non comme à Espagnols, mais comme à traîtres, voleurs et meurtriers. »

française, mais Kalm lui reproche un défaut grave, la manie d'épouser l'étranger au débarqué, ce qui ôte des chances aux demoiselles de Montréal.

Les jeunes filles canadiennes rappellent encore les descriptions de Kalm. Moins émancipées que les autres Américaines, elles sortent seules cependant et ont des privilèges dont ne jouissent pas les Françaises de leur âge. J'eus la bonne fortune à Québec de les voir réunies en grand nombre pour une fête qui, plus qu'aucune autre, était de nature à les faire valoir : un impresario yankee avait monté avec leur concours ce qu'il appelait la *parada*. Ce joli spectacle fut donné au profit d'une milice canadienne nouvellement organisée. Il ne fallut que huit ou dix répétitions pour mettre ces demoiselles en état de figurer dans des tableaux et des danses de caractère qui m'ont laissé un souvenir très particulier de beauté, d'aisance, d'aplomb et de talent. Je me rappelle entre autres un menuet dansé avec les atours et toute la majesté du grand siècle, des figures de ballet militaire où la précision ne faisait aucun tort à la grâce. Qu'aurait dit de voir figurer les brebis de son troupeau sur les planches d'un vrai théâtre, ouvert au public, le terrible évêque monseigneur de Saint-Vallier, si rigoureux contre les bals, les comédies, les toilettes ? Il imposait au gouverneur Denonville et à sa femme une règle de conduite quasi monastique, proscrivant toutes les fêtes, défendant aux jeunes filles les robes décolletées, les fontanges et la danse, sauf en présence de leur mère et avec des personnes de leur sexe. Le premier bal donné au Canada le 3 février 1667, fut un sujet de scandale, au dire des jésuites dont la querelle avec Frontenac vint en partie de ce que le gouverneur avait fait jouer la comédie, notamment *Tartufe*. Sans doute cette tyrannie s'est relâchée ; cependant plusieurs des demoiselles mêmes qui avaient figuré dans la *parada* m'ont assuré qu'aucun confesseur ne tolérait encore les danses tournantes. Cette *parada* fut une escapade accomplie en masse, excusée en faveur de son but, et pour laquelle apparemment on n'avait pas demandé de permission.

Si le clergé s'oppose aux danses tournantes dans les salons, il admet parfaitement dans les campagnes les danses rondes qu'accompagnent les vieux airs de France ; c'est qu'elles sont dansées avec une grande retenue : au lieu de la vieille formule « embrassez celle que vous

voudrez », on dit « saluez »; et le baiser tourne
en révérence. Les couplets ont été, à l'époque
où ils franchirent l'Océan, expurgés de toutes
les gaillardises qu'ils renfermaient sur l'autre
rive; mais la chanson, d'ailleurs, reste intacte,
telle que les ancêtres l'ont apportée de Poitou,
de Bretagne ou de Normandie, avec quelques
modifications parfois dans le rythme qui semble
s'être comme élargi devant de plus vastes horizons ou pénétré de la mélancolie des impo-
santes solitudes. L'une de mes meilleures soirées fut passée chez un excellent musicien, qui
est aussi archéologue de mérite et causeur plein
d'esprit, à entendre de charmantes voix dire
des chansons du pays où je retrouvais les re-
frains villageois de mon enfance. La *Claire
Fontaine* d'abord, qui est l'air national du
Canada tout autant que :

> Vive la Canadienne !
> Et ses jolis yeux doux !

Puis les chansons favorites de la veillée, celle
dont le bûcheron remplit les échos de la forêt,
celle que le voyageur solitaire se chante en canot
sur la *cage*, sur le radeau de bois flotté : *A Saint-
Malo, beau port de mer, Dans les prisons de
Nantes, En revenant de la jolie Rochelle,* et ceci

qui vous fait sentir pour ainsi dire la fraîcheur des brises du grand fleuve :

V'là l'bon vent ! v'là le joli vent !
V'là l'bon vent, ma mie m'appelle.

Elles seraient innombrables, ces chansons rustiques. M. Ernest Gagnon a choisi les plus originales, les a écrites telles qu'il les entendait de la bouche des habitants, puis publiées avec annotations, en indiquant leurs sources, les formes de langage, les tours particuliers, la révélation des traits de mœurs et de caractères qu'elles contiennent. C'est un ouvrage de réelle valeur, où l'on a déjà beaucoup puisé.

— Presque tous nos chants populaires, fait observer M. Gagnon, se rapprochent de la tonalité grégorienne.

Il ne veut pas voir dans cette tonalité un reste de barbarie et d'ignorance, mais une des formes infinies de l'art, forme parfaitement rationnelle et propre à l'expression des sentiments religieux.

« — Remarquez que le violon est le seul instrument connu dans les campagnes ; point d'instruments à sons fixes, de musette, de vielle, de biniou, auxquels on pourrait faire remonter une certaine éducation de l'oreille. Lorsque le peuple chante, il obéit sans le savoir à un ordre créé par le rapport existant entre les choses visibles et les choses invisibles, son chant subit l'action de tout ce qui l'entoure, climat, habitudes, circonstances. En écoutant le peuple canadien on devine sa piété, sa simplicité, sa foi profonde[1]. »

Tandis que j'évoque avec un souvenir reconnaissant et doux cette « soirée de Québec », il me semble entendre encore le chœur à trois voix qui fut chanté par l'auteur et par ses filles, très bonnes musiciennes, mais sans plus de prétentions d'ailleurs que n'en doivent avoir les rossignols :

Courez, joyeux cortège, raquette agile, traîneau léger,
Sur l'éclatante neige, laissez-vous emporter, gai !
Ah ! qu'avez-vous, la belle, lon gai !

Et je suis prête à dire dans notre Paris devenu si cosmopolite : — J'étais alors en France.

La société de Québec garde toujours le même agrément dont parlent Kalm et le Père de Charlevoix : parties de promenade, l'été en

1. *Chansons populaires du Canada*, recueillies par Ernest Gagnon ; Darveau, éditeur, Québec, 1894.

calèche ou en canot, l'hiver en traîneau ou en patins, palais de glace bâtis à l'occasion du carnaval. Dans ce temps-là les femmes de gouverneurs, d'intendants, de personnages officiels avaient des salons où l'on se rappelait l'étiquette de Versailles; mais, grandes réceptions à part, l'hospitalité était comme aujourd'hui générale. La pauvreté même, à en croire le Père jésuite, se cachait sous un air d'aisance parfaitement naturel, chacun jouissant du peu qu'il possédait et souvent se vantant de ce qu'il n'avait pas, au lieu que dans les colonies anglaises existait une réelle opulence dont personne ne semblait savoir profiter. Ceci se rapporte bien à ce que nous dit une personnalité brillante de la société québecquoise, M. le juge Routhier [1] : « Québec est encore la ville où l'on prend la vie par le meilleur côté. On n'y fait guère fortune, on n'y déploie ni faste, ni luxe, mais on y vit bien, tranquillement, gaiement, sagement. Le talent y est plus considéré que l'argent, la position sociale y domine la richesse. » L'amour exagéré de la politique, ajoute-t-il cependant, est un défaut québecquois. — Cela ne pouvait manquer dans un

____

1. *De Québec à Victoria*, par A.-B. Routhier; Québec, 1893.

pays où il est sans cesse question de suffrage, dont les citoyens sont appelés à voter quatre ou cinq fois l'an. Et tous les jeunes gens qui ont fait « leurs classes » au séminaire, s'ils ne deviennent pas prêtres, sont avocats ou notaires, graine de députés. Sur la plupart des maisons de Québec et bien souvent aussi à Montréal, s'accroche un écriteau où vous lisez en lettres peintes : « Un tel, avocat. » Ce qui vous donne une idée formidable des procès dont tant de monde peut vivre, procès hérités sans doute d'un vieux fonds de chicane normande.

Parlons sérieusement, ce fut à de grands avocats qui étaient en même temps de grands patriotes, les Papineau, les Lafontaine, les Parent, les Morin et d'autres encore, que le Canada dut les concessions arrachées une à une au gouvernement anglais, après la terrible période de conquête et de répression, pendant la grande lutte parlementaire qui dura quarante-cinq ans. En 1840, l'héritage des ancêtres semblait condamné à périr; ces hommes, par la seule force de la parole, obtinrent le rétablissement du français comme langue officielle, la responsabilité du ministère devant les Chambres, l'abolition de la *tenure* seigneuriale, le gouvernement autonome pour ce qui concerne les intérêts particuliers de la province de Québec, les prérogatives enfin qui ont rendu aux Canadiens leur part d'influence dans les affaires du pays, influence dont l'élévation de Wilfrid Laurier au rang de premier ministre est l'important et significatif résultat. Dans ce temps-là, il n'y avait qu'un parti étroitement uni, celui des patriotes; malheureusement la division s'y est glissée, c'est un péril pour l'avenir. La tendance funeste des politiciens d'aujourd'hui est de ramener sur le tapis une de ces questions qui semblent définitivement réglées, celle des écoles, écoles confessionnelles et séparées. Ils sont là-dessus ombrageux à l'excès. J'en ai eu la preuve chaque fois que le hasard m'a mise en rapport avec ceux qu'on nomme bleus ou *castors*. Tout prétexte leur est bon pour lancer cette pomme de discorde : les fameuses écoles du Manitoba! Être libéral ou conservateur cela signifie au Canada avoir pris parti pour ou contre le compromis Laurier. Laurier s'était engagé à défendre les écoles catholiques et, voilà le grief, il a consenti à une transaction !

— Vous n'allez pas accuser celui-là pourtant, leur disais-je, lui, votre grand homme qui a procuré aux Canadiens français l'avantage inespéré de voir un des leurs monter au premier rang et qui jette de si haut le poids de sa parole dans les conseils de la puissance? Songez à ce qu'il a déjà fait pour votre commerce, à l'éclat dont il vous revêt devant l'Europe entière.

— Sans doute, mais il avait promis de défendre notre droit, qui est d'avoir des instituteurs à nous. C'est le seul moyen d'échapper à l'anglification. Le nombre des protestants augmente toujours dans le Manitoba; Ottawa est anglais, Montréal le devient à moitié. Notre conscience ne nous permet pas d'envoyer nos enfants à des maîtres qui... Tenez, pour vous donner une idée du mauvais enseignement des écoles dites nationales, pendant des siècles, n'est-ce pas? il a été admis sans conteste que le Canada avait été découvert par Cartier? Eh bien! on veut maintenant que ce soit Sébastien Cabot; et on fait de Cabot un Anglais, sous prétexte qu'il est né à Bristol..., ce qui n'est pas exact!

— Au fond, vous êtes donc hostiles à la domination anglaise?

— Nous n'avons garde! Le Canada est redevable à l'Angleterre de progrès qui eussent été impossibles sous le régime français avec ses gouverneurs, ses intendants, tout cet excès d'administration qui arrêtait l'élan personnel. Mais cela n'empêche pas que les écoles...

Si un libéral se mêle à la conversation, il prouve qu'on ne peut pourtant pas, dans les villages lointains de l'Ouest, fonder une école catholique spéciale pour un groupe infime d'enfants; leur curé est autorisé d'ailleurs à les instruire dans l'école même [1]. — Et la discussion éclate, s'envenime jusqu'au moment où les deux adversaires tombent d'accord sur ce point que le Canada arrivera tôt ou tard à posséder sa complète autonomie, en vertu des facilités que l'Angleterre accorde avec une admirable sagesse à ses colonies pour marcher sans lisières en se passant d'elle.

1. Le premier ministre du Dominion et le clergé catholique paraissent être arrivés depuis peu à une entente sur cette question épineuse et tant débattue. Il faut espérer que l'intervention du Souverain Pontife, le grand pacificateur de notre siècle, aura été une fois de plus efficace.

II

J'ai dit que l'instruction de toutes les classes de la société en Canada français avait été depuis l'origine et qu'elle est encore exclusivement entre les mains du clergé. Les premiers éducateurs furent les jésuites, dont le collège fondé en 1633, avant même l'université de Harvard, ce berceau de la science aux États-Unis, eût mérité de rester debout, ne fût-ce qu'à titre de monument historique. Il a été démoli cependant, après sa transformation en caserne par les Anglais, et on ne peut plus que deviner la place qu'il occupait en face de la basilique. Les deux séminaires de Québec et de Montréal héritent de son importance passée. L'un et l'autre ont pour annexe une

Université comprenant, outre la faculté de théologie, la faculté de droit, celle de médecine et celle des arts (sciences et lettres réunies). Dans les deux villes cette université porte le même nom, Université Laval, comme s'il n'y avait jamais eu de guerre entre le premier évêque, ami des jésuites, et les sulpiciens représentés par l'abbé de Quélus. Un instant, selon l'expression de monseigneur de Laval, on faillit voir se dresser autel contre autel, mais plus de deux siècles ont passé sur la querelle, la réconciliation s'est faite du vivant même des adversaires ; il ne reste des deux côtés que de fervents catholiques, des conservateurs résolus de la langue française, dont les efforts réunis tendent à ne pas se laisser distancer par la redoutable rivale anglaise, cette Université Mac Gill de Montréal, si florissante, si richement dotée, si magnifiquement pourvue d'engins scientifiques et de laboratoires, si fermement appuyée sur des professeurs de premier ordre. Son voisinage ne peut être qu'un stimulant précieux comme l'est celui de toutes les institutions britanniques, armées du puissant levier qui manque aux œuvres françaises : l'argent. Mais les sulpiciens sont toujours seigneurs de Montréal derrière les tours et les murailles de leur vénérable séminaire. On sait que la ville naissante, l'île entière [1] leur fut donnée en toute propriété lorsque se retira la compagnie dont Maisonneuve avait été le chef. Ils règnent donc, de par la mémoire des services rendus pendant plus de deux cents ans dans la Nouvelle-France et du dévouement qu'ils montrèrent en particulier aux malheureux Acadiens dont la dispersion forcée reste l'un des événements les plus pathétiques de notre histoire coloniale. Mais je ne puis guère parler de l'Université Laval de Montréal, que j'ai entrevue un soir seulement, alors que certaine conférence sur Bossuet réunissait une nombreuse et enthousiaste assemblée, si purement, si merveilleusement française, dans la salle la plus belle, la mieux décorée, la plus sonore, la plus vibrante de sympathie où ait jamais triomphé un orateur.

Je connais mieux le séminaire de Québec. Il y a là, au nord de la basilique, dans le majestueux isolement créé par de vastes cours, un groupe considérable de bâtiments précédés de porches et de grilles dont la physionomie est

1. Montréal est situé dans une île triangulaire formée par l'Ottawa, qui se divise en deux branches avant de se jeter dans le Saint-Laurent.

du XVIIe siècle, encore qu'ils aient été recons-
truits au XVIIIe, après les inévitables incendies.
C'est là que monseigneur de Laval forma les
prêtres nombreux qu'il répandait ensuite dans
les paroisses de son diocèse, prêtres amovibles
à son gré et soumis en outre à la conduite du
supérieur de ce séminaire qui était affilié aux
Missions étrangères. La loi des jésuites, dont le
but est de réduire l'homme à l'état d'instrument entre les mains d'un directeur suprême,
était pratiquée par le premier évêque du Canada
envers son clergé. Dans la très curieuse bibliothèque de ce qui est aujourd'hui le palais
archiépiscopal, on voit le résultat, heureux en
somme, de ses exigences. Chaque curé devait
lui envoyer régulièrement tous les mois les
registres de sa paroisse avec renseignements et
détails à l'appui. Cette obligation, maintenue
jusqu'à nos jours, a produit de précieuses
archives historiques. Les registres, titres et
documents que recèle cette bibliothèque de
cent vingt mille volumes relatifs en grande
partie au Canada, la copieuse correspondance
de Rome, des communautés religieuses, des
séminaires, des paroisses, celle des missionnaires dispersés sur le vaste territoire français
qui s'étendait autrefois du golfe Saint-Laurent

à la Louisiane, tout cela remplit une salle que fera bien d'explorer avec soin quiconque se proposera enfin d'écrire sur notre grande colonie de la Nouvelle-France.

Les explications d'un jeune prêtre de l'esprit le plus distingué, M. C.-O. Gagnon, m'ont permis de garder de ces trésors autre chose qu'un souvenir confus ; mais j'avoue que ce qui m'intéressa surtout fut l'œuvre de patience et d'amour accomplie au profit des sauvages par ceux qui s'efforçaient, qui s'efforcent encore de les évangéliser dans leur langue. Il y a là une longue suite de traductions des livres saints, de prières, de cantiques auxquels sont attachés des noms bien souvent répétés à Tadoussac, sur le Saguenay et sur la rive Nord du Saint-Laurent : le Père Faber, le Père de Crépieul, le Père Maurice, le Père Coquart, etc. Sur ces manuscrits jaunis, aux couvertures grossières de toile ou d'écorce, souvent grignotées par les rats, sur ces pages qu'ont battues des intempéries de toute sorte, et d'où s'exhale la parole de Dieu, mise à la portée des différentes nations indiennes, courent, alternativement avec des dessins et des signes hiéroglyphiques, ces écritures d'autrefois, serrées, fermes, très personnelles. Un catéchisme du Père Laure me fait sourire. Je me demande s'il pouvait écrire en montagnais plus naïvement encore qu'en français, cette phrase étant de lui, à propos de la première messe qu'il célébra dans la chapelle neuve de Chicoutimi :

« La croix du clocher nouveau a été saluée de trente trois martres, par tous les sauvages charmés du coq. »

Une physionomie bien expressive est celle de monseigneur de Laval, dans la galerie où se trouvent réunis les portraits des évêques de Québec, mal peints pour la plupart, mais possédant du moins cette qualité que ne peuvent pas toujours revendiquer les véritables œuvres d'art, la plus impitoyable ressemblance. L'esprit de domination qui s'alliait chez lui à d'ascétiques vertus éclate dans cet œil saillant, sur ce vaste front où sont marquées une vigoureuse intelligence et une énergie invincible. Il appartient à la maison de Montmorency et a toute la mine d'un grand seigneur. Le nez énorme se recourbe sur une bouche qui veut et qui ordonne. Type d'homme d'État autant que de prêtre. Sa charité, les macérations qu'il s'imposait, tous les détails de sa conduite privée sont d'un saint ; les pièces relatives à sa canonisation ont même été présentées à Rome ;

mais, avant que soit instruit le procès, on peut dire que, lorsqu'il s'agissait d'affirmer son autorité, de tenir tête au gouverneur, de faire prévaloir les jésuites, d'abaisser les récollets ou de défendre les droits de son séminaire, monseigneur de Laval ne péchait pas par excès de douceur. Il poursuivait sans relâche un but de centralisation qui se trouvait d'accord avec les désirs du roi. L'instruction publique fut aussi l'un des grands intérêts de sa vie. Non content de former des prêtres, il fonda sur ses terres pour les colons de condition modeste une sorte de ferme-école où les éléments de l'instruction primaire étaient donnés à chaque élève avec des connaissances agricoles et l'initiation à divers métiers. C'était là en effet l'essentiel pour la majorité des Canadiens, et on peut regretter que cette première école industrielle de Saint-Joachim n'ait pas jeté de profondes racines. Elle était d'autant plus indispensable, au moment de sa création, que les garçons du peuple n'avaient aucun moyen de s'instruire hors des villes.

Les jeunes filles de la même classe furent beaucoup mieux partagées, grâce à l'admirable congrégation de Notre-Dame, fondée par Marguerite Bourgeoys. On assure qu'en arrivant à Montréal avec mademoiselle Mance, elle ne possédait que dix francs, mais de nombreuses protections s'étendirent sur son œuvre humblement commencée dans une étable. Aujourd'hui et depuis longtemps, le grain de sénevé est devenu arbre; les sœurs de la Congrégation n'ont pas moins de vingt-cinq mille élèves dans leurs écoles de divers degrés qui couvrent littéralement le Canada.

N'y a-t-il pas lieu de répéter que les femmes contribuèrent pour une part presque incalculable à la formation de la Nouvelle- France? C'est la marquise de Guercheville, la même Antoinette de Pons dont la vertu avait eu raison des galantes entreprises de Henri IV, qui envoie les premiers jésuites en Acadie (1611); c'est la duchesse d'Aiguillon que nous avons vue fonder l'Hôtel-Dieu de Québec, enrichi ensuite par madame d'Ailleboust; c'est madame de la Peltrie qui crée le premier couvent de filles; c'est madame de Bullion, la bienfaitrice inconnue, comme on l'appelait, qui aide à l'établissement de cette colonie de Montréal dont on peut bien appeler mademoiselle Mance et la bonne Marguerite Bourgeoys les mères, sans parler de madame d'Youville, de madame Roy et de tant d'autres qui apportèrent leur pierre à l'édifice, se chargeant, celles-ci des filles perdues, celles-là des vieillards et des enfants trouvés. Cette œuvre de patriotisme, d'éducation et de charité accomplie sous des influences religieuses, dans un temps qui n'était pas celui des revendications féministes, sera difficilement surpassée, en quelque lieu que ce soit, par la femme-homme dont nous menace l'avenir et, si l'on tient à ce type-là, il y eut en outre au Canada des guerrières qui ne le cèdent à aucune. Mademoiselle Magdeleine de Verchères, à l'âge de quatorze ans, défendit un fort contre les Iroquois.

Verchères est situé sur le Saint-Laurent, entre Montréal et Québec. Le 22 octobre 1690, le seigneur étant de service en ville, sa femme absente aussi et presque tous les autres habitants en train de travailler aux champs, il ne restait dans la place que deux soldats, deux jeunes garçons, un vieillard, des femmes et des enfants. Magdeleine, sortie avec un serviteur, se vit poursuivie par une cinquantaine de sauvages; elle courut vers le fort sous la grêle de balles qui, raconte-t-elle naïvement dans son rapport, écrit plus tard à la demande du gouverneur, M. de Beauharnais, « me sifflaient aux oreilles et me faisaient trouver le temps long». Elle réussit à atteindre le fort, y entre, fait fermer toutes les portes et rétablir les palissades délabrées, puis elle reproche énergiquement leur lâcheté aux deux soldats qui se cachaient et dit à ses deux frères : « Défendons-nous jusqu'à la mort. »

Ces enfants, de dix à douze ans, et les deux mauvais soldats à qui la jeune fille avait communiqué son courage, se mirent à tirer par les meurtrières, se multipliant sur différents points, tant et si bien que les Iroquois ne soupçonnèrent pas la faiblesse de la garnison. Ils s'en tinrent à massacrer les malheureux qui travaillaient dehors. Sur ces entrefaites une barque toucha au rivage; c'était un colon et sa famille qui venaient se mettre à l'abri des remparts; nul n'osait aller à leur rencontre : — « J'irai donc seule », déclara Magdeleine. — Les Iroquois, qui n'étaient pas loin, la virent franchir le porche; ils crurent que c'était une ruse pour les attirer et tenter contre eux une sortie. Sa hardiesse sauva tout. Le hasard lui ayant ainsi envoyé quelques bras de plus, elle fit passer dans le blockhaus, qui se rattachait au fort par un chemin couvert, la partie inutile de la garnison. La nuit, en dépit du vent et de la neige, les cris de : « Tout va bien ! » furent échangés sans relâche entre le fort et le blockhaus, indiquant que l'on faisait bonne garde.

Une semaine se passa sur le qui-vive, l'ennemi rôdant sans se décider à l'attaque. A la fin arriva un lieutenant de M. de Callières, le gouverneur, avec quarante hommes. Lorsqu'ils furent signalés, Magdeleine, épuisée par les veilles, se reposait, le front sur une table, son fusil dans les bras. Elle dit au lieutenant :

— Monsieur, je vous rends les armes.

Il répondit galamment :

— Elles sont en bonnes mains, mademoiselle.

Et, de fait, quand il eut inspecté le fort, il trouva tout en ordre, une sentinelle sur chaque bastion.

Mademoiselle de Verchères, qui devint depuis madame de la Naudière, puis madame de la Perrade, n'était pas la première de sa famille qui se fût signalée ainsi, sa mère ayant auparavant tenu tête aux sauvages quarante-huit heures de suite. Et, au siège de Louisbourg (1758), ne vit-on pas madame de Drucour, femme du commandant de la place, demeurer sur le rempart et tirer elle-même le canon, pour donner l'exemple ?

Pendant la période lamentable de 1682 à 1689, qui se termina par « l'année du massacre », l'horrible massacre de Lachine, où les cruautés diaboliques des Iroquois se déchaînèrent; où deux cents personnes périrent brûlées vives; où, jusqu'aux portes de Montréal, les paroisses furent ravagées, les enfants mêmes égorgés avec des raffinements de férocité inouïe, pendant cette période d'indicible misère, les filles des plus nobles familles aidaient leurs parents ruinés à couper le blé, à conduire la charrue. Il faut remarquer combien les femmes de ce temps-là savaient s'élever à la hauteur des circonstances. Ce n'était pas particulier d'ailleurs au Canada, mais aux colonies de l'Amérique du Nord en général.

J'ai parlé, je crois, quelque part, des fresques du *Woman's building* à l'Exposition de Chicago, qui montraient les filles des Pèlerins, récemment débarquées, aux prises avec de rudes et grossières besognes, tout en chantant des psaumes et en faisant lire la Bible aux enfants. Les Ursulines ont dans leur cloître l'équivalent de cette composition, un tableau ancien qui représente la forêt. Au milieu de nombreux personnages secondaires, gentilshommes en habit à la française, missionnaires, sauvages et sauvagesses, madame de la Peltrie est en conciliabule avec un chef indien, tandis qu'une femme au visage énergique, la mère Marie de l'Incarnation, explique non pas la

Bible, mais le catéchisme aux petites néo-phytes, sous le grand frêne resté debout jusqu'en 1867. Cette forêt, à peine défrichée, n'est autre que l'emplacement actuel du monastère des Ursulines. Parmi les bâtiments qui le composent, séparés par de grandes cours et de vastes jardins, figure encore la maison de madame de la Peltrie.

La communauté naissante y chercha refuge vers 1650, après un de ces incendies terribles qui jouent dans l'histoire de Québec un rôle si fréquent que la ville semble renaître presque périodiquement de ses cendres. A quoi donc les attribuer ? A l'agglomération des maisons, aux piles énormes de bois de chauffage dres-sées alentour, aux grands feux rendus néces-saires par un climat glacial. Une fois allumés, ils ne s'éteignaient guère que d'eux-mêmes, vu l'absence de pompes, la colonie n'étant pas assez riche pour s'en procurer. Les débris de la tribu des Hurons, qui groupaient leurs tentes à l'ombre protectrice des deux monastères voisins, l'Hôtel-Dieu et les Ursulines, vinrent alors trouver ces dernières si cruellement éprouvées, leur apportant deux colliers de grains de porcelaine qui représentaient pour eux tous les biens de ce monde puisqu'ils ne possédaient plus autre chose, leur offrant ces trésors chimériques afin d'obtenir que les filles de la prière continuassent quand même à instruire les petites Huronnes. Et en effet les bonnes Ursulines se dévouèrent, malgré toutes les vicissitudes, tant aux petites Huronnes qu'aux petites Françaises. Plus tard, quand les indigènes se furent éloignés des centres de civilisation, le séminaire sauvage, comme on l'appelait, se ferma, mais le pensionnat français ne fit que grandir. Les religieuses, au moment de la conquête anglaise, crurent à tort que leur importance allait décroître. Le gouvernement britannique les combla d'égards et de respects. Quelques Anglaises entrèrent bientôt dans l'ordre et, pour répondre aux besoins nouveaux de la société canadienne, les Ursulines placèrent sur le même pied l'enseignement des deux langues. Depuis lors (1836), on afflue de tous côtés dans ce vieux couvent, l'institution scolaire la plus ancienne du continent américain.

Planté dans une partie très élevée de la ville, il se recommande par ses conditions de salubrité. Douze corps de logis environnent l'église conventuelle : les uns sont attribués à la communauté, au noviciat, au grand et petit pensionnat, à l'externat, à l'école normale des jeunes filles ; les autres renferment l'infirmerie, les parloirs, les salles de musique. J'ai le sentiment d'aborder une institution puissante, presque royale, lorsque, pénétrant dans le parloir des religieuses, je vois derrière la grille un groupe officiel composé de la supérieure et de plusieurs mères. Au milieu de ces Françaises, je reconnais, à la différence du type, une figure de Boston, celle de la Mère Holmes, sœur du vénérable abbé Holmes qui, par son savoir et ses dons généreux, rendit tant de services au séminaire. C'est avec elle qu'après les premiers compliments j'engage la conversation, lui parlant de son pays dont j'arrive. Je lui demande si elle est parente du célèbre écrivain, le docteur Wendell Holmes, récemment décédé, et que j'ai eu le privilège de connaître. Elle me répond finement : « Pas assez peut-être pour pouvoir m'en vanter », puis elle me parle de lui, de ses ouvrages, de sa correspondance publiée depuis peu, le tout avec une évidente connaissance du monde.

La supérieure est plus réservée sur son terrain. Je découvre cependant que les Ursulines occupent une forteresse imprenable : les diplômes sont décernés par le couvent même, sans contrôle d'aucune sorte[1]. Elles donnent à leurs élèves, autant que je puis m'en rendre compte, une instruction qui est l'équivalent de celle qu'on reçoit à Paris, au Sacré-Cœur ou aux Oiseaux. Pour les filles qui ont à gagner leur vie existe l'enseignement de la sténographie, de la clavigraphie, du télégraphe; mais l'instruction proprement dite est surtout littéraire. Une société, placée sous l'invocation de sainte Ursule, compte vingt académiciennes; le nombre des agrégées et aspirantes n'est pas limité, et à dates fixes une séance académique a lieu dans la grande salle de réception; des croix de Malte, des décorations d'honneur sont conférées aux membres de cette association, sans préjudice, bien entendu, de la distribution des prix et des brevets à la fin de l'année scolaire. Celle-ci commence le 1er septembre et se termine vers la fin de juin.

Dans tous les couvents canadiens, le travail manuel est tenu en estime; il y a des classes spéciales où les élèves font non seulement des broderies et autres ouvrages de luxe, mais du linge et des robes; elles reçoivent des leçons d'économie pratique, obligées à de certains nettoyages,

—————

1. Il en est ainsi dans tous les couvents et séminaires du Canada.

conduites par groupe, à la cuisine, etc. L'essentiel pour les Ursulines est de former des chrétiennes, des femmes d'intérieur et des femmes du monde dans la meilleure acception du mot, capables de s'acquitter dignement, comme on disait jadis, des devoirs de leur état. Elles y parviennent à souhait ; j'en ai jugé par leurs élèves rencontrées de côté et d'autre.

Les Ursulines de Québec et le magnifique couvent de Villa-Maria, de la Congrégation de Notre-Dame, qui occupe, près de Montréal, Monklands, l'ancienne résidence du gouverneur général, sont les deux pensionnats aristocratiques du Canada ; ils admettent des élèves protestantes, dont un bon nombre vient des États-Unis, pour apprendre la langue sans doute, la conversation en français étant obligatoire, mais aussi peut-être pour s'y plier à ces habitudes de discipline que certaines familles préfèrent encore à des talents virils. Il va sans dire que le niveau des études est au-dessous de celui de la moindre université américaine, mais il atteint celui des meilleurs couvents d'Europe, et l'hygiène y est peut-être plus qu'en Europe un sujet de préoccupation. Villa-Maria, par exemple, n'a rien à envier aux collèges les mieux situés. Sous les arbres superbes d'un parc qui couvre la montagne, les jeunes filles peuvent faire de longues promenades; elles ont un petit lac pour y ramer, et tous les engins de gymnastique et de sport, — sauf, jusqu'ici, la bicyclette.

Un autre couvent, bâti en pleine campagne, à la même distance de Québec que Villa-Maria de Montréal, c'est Sillery, dirigé par les religieuses de Jésus-Marie. Leur mode d'enseignement me semble assez particulier. Les matières sont divisées par cours, et tous les cours indépendants les uns des autres, afin de permettre aux élèves d'avancer chacune suivant ses aptitudes naturelles. Ainsi une élève qui a des dispositions pour la littérature n'est pas empêchée de progresser en cette branche parce que son ignorance la retient dans un cours inférieur d'arithmétique ; mais aucune élève ne passe d'un cours à un autre sans y être devenue suffisamment forte. Une grande fille peut demeurer avec les plus petites sur tel ou tel point, tandis que pour le reste elle est presque arrivée à la fin de ses huit années d'études. Cela suppose un nombre restreint d'élèves et beaucoup de professeurs.

« Notre mode d'enseignement, m'expliquent ces dames, est le mode concentrique. Il fait converger vers un but unique, qui est la connaissance de la langue, toutes les différentes matières, objets de cours particuliers ; de sorte que chacun de ces cours devient un cours de langue : explication approfondie de tous les mots employés avec leurs sens différents. Par ce moyen, le cours de langue proprement dit est à son tour l'occasion d'une foule de connaissances scientifiques, sociales et morales. Un mot, dans une dictée ou dans une lecture raisonnée, donnera lieu à une petite leçon de philosophie ou d'histoire naturelle, ou d'histoire politique, à des notions de chimie, de physique et de bienséance, etc., et souvent à l'étude de tous ces points à la fois par l'association des idées qui trouve naturellement sa place dans ce genre d'enseignement à mesure que le vocabulaire de l'enfant s'augmente en produisant l'équilibre de ses facultés. »

Cette préoccupation de l'étude de la langue primant toutes les autres s'explique lorsqu'on a constaté la confusion que le proche voisinage de l'anglais et du français produit souvent. Combien de gens du monde disent par exemple, même sans savoir l'anglais, se *donner du trouble* pour de la peine, *marier quelqu'un* pour épouser, *adresser une assemblée*, *n'être pas opposé*, pour s'adresser à une assemblée, ne pas rencontrer d'opposition ! Il est remarquable que les plus attentifs évitent, afin de ne pas tomber dans ce travers, tous les anglicismes qui ont cours chez nous ; beaucoup d'entre eux ne veulent même pas de *wagon* ni de *rail*, ils préfèrent char et lisse. Peut-être y a-t-il là un autre genre de protestation. Pour ne pas accepter d'être traitées de *streets*, les rues de Québec s'annoncent par un seul mot : *Palais*, *Parloir*, *Sous-le-Port*, *Fabrique*, etc.

Les religieuses de Sillery sont ardentes entre toutes à défendre l'intégrité du français. Elles pensent, en outre, développer le jugement de leurs élèves par la critique que celles-ci sont invitées à faire des compositions les unes des autres dans des réunions spéciales.

Il est impossible d'avoir plus d'aisance gracieuse et modeste que n'en montrent les pensionnaires qui me sont présentées en masse dans la grande salle du premier étage, dont une estrade occupe le fond. Je devrais dire plutôt un théâtre, car cette jeunesse est posée devant un décor qui représente le château de Chillon. Je suis accueillie par des chants, des compliments, des révérences, des bouquets, une gentillesse sans mélange de timidité. Cette grande famille de jeunes filles, aux ceintures de diverses couleurs, toutes fraîches et bien portantes, reçoit assurément l'éducation la plus saine qui puisse être donnée à des mères de famille futures. Rien ici, pas plus qu'à Villa-Maria, quoique l'élégance et la recherche soient poussées moins loin, ne suggère l'idée d'une prison, ni même d'un cloître; c'est une admirable maison de campagne dont les fenêtres ouvrent sur de beaux horizons; on ne peut pas, comme à Villa-Maria, décidément américanisée, avoir des chambres particulières, mais les dortoirs si blancs ont des lits séparés par des rideaux qui forment un cabinet de toilette; les classes sont organisées d'après les systèmes les plus hygiéniques, le réfectoire communique avec une jolie serre remplie de fleurs, véritable jardin d'hiver. Je suis conduite à travers le parc par de charmantes personnes, non pas muettes et un peu gauches, mais prêtes à causer, s'intéressant à tout. Je crois que la présence du digne chapelain, qui s'occupe d'elles comme un vieillard bienveillant et lettré, sait s'occuper des jeunes intelligences, en les élevant par de paternelles conversations, favorise beaucoup leurs progrès.

Ce qui m'a extrêmement intéressée dans tous

les couvents que j'ai visités à Québec, c'est le contraste des doubles classes faites en anglais et en français par les religieuses des deux nations. L'enseignement est le même, mais entre les professeurs comme entre les élèves, il y a des différences aussi marquées dans les qualités de l'esprit que dans le type extérieur : je ne sais quoi de plus raide et de plus décidé à la fois chez les Anglaises, une prédilection pour les sciences, les sciences naturelles surtout; qualités de style plutôt chez les Françaises.

Je me rappelle avoir entendu à l'académie des Sœurs Grises la lecture d'une série d'improvisations dont quelques-unes me frappèrent. Ce ne fut pas seulement, je dois le dire, par la forme, ce fut d'abord par le fond. Six fois sur dix au moins s'y trahissaient des aspirations vers la vie religieuse. J'en fis la réflexion :

— Cela s'évapore souvent en paroles, me dirent les Sœurs.

Mais elles convinrent que souvent aussi cet idéal se réalisait. Je n'en fus pas surprise. Vocation à part, ces enfants, très patriotes, sont averties des besoins de leur pays; elles voient le bien qui se fait autour d'elles, la beauté de la vie de leurs maîtresses, le respect dont elles sont l'objet; elles sentent, pour peu qu'elles aient le goût de la pédagogie, qu'il n'y a pas d'autre voie à suivre. La carrière des institutrices laïques, si misérablement payées, confondues dans l'opinion publique, eussent-elles des diplômes, avec les médiocrités non brevetées, ne peut être comparée sous aucun rapport à la haute mission des religieuses enseignantes. Celles-ci sont seules à jouir d'une liberté réelle, celle que vous assure l'absence des soucis infimes de chaque jour. Toute jeune fille possédant un grain d'enthousiasme doit être tentée par leur exemple et, comme les parents ne font, règle générale, aucune opposition, il y a beaucoup de prises de voile, ce qui n'empêche pas le nombre imposant des mariages; les plantureuses familles canadiennes peuvent suffire à tout.

Mais tant de paroisses surgissent et se disséminent sur ces immenses territoires à mesure que les chemins nouvellement ouverts permettent de pousser toujours plus loin, tant d'instituteurs et d'institutrices sont demandés, que les écoles normales ont aussi leur utilité très grande. Il n'y en a que deux pour les filles dans toute la province de Québec, qui comprend 1 488 535 habitants : une à Montréal, pour les élèves protestantes; une à Québec, pour les élèves catholiques. J'ai visité en détail l'École normale Laval, après m'être, grâce à la courtoisie du surintendant de l'Instruction publique, M. Boucher de la Bruère, mise au courant de la loi scolaire de la province et avoir pris connaissance des rapports annuels. Il faudrait, pour traiter ce sujet, une étude à part, qui sera faite, j'espère, par des juges plus compétents que moi.

Quoi qu'il puisse manquer encore à l'organisation des écoles, organisation qui ne date que de 1849 et qui lutte contre des difficultés dont l'ancien monde ne peut soupçonner l'étendue, les statistiques indiquent un progrès constant de l'instruction, le nombre des municipalités scolaires augmentant graduellement avec la colonisation des terres. En moyenne, soixante et onze enfants sur cent vont à l'école primaire. Le nombre des instituteurs et institutrices non brevetés diminue à mesure. En 1893-94 il était de mille quatre-vingts; en 1896, il est descendu à six cent quatre-vingt-six, et, dans cette même année les anciens élèves de l'École Laval ont procuré les bienfaits de l'instruction à quatorze mille enfants. Ce que je dirai, pour l'avoir vu, c'est que rien ne peut surpasser le zèle intelligent de M. l'abbé Rouleau, principal de l'école, admirablement secondé par des professeurs excellents. Je ne cite que le professeur d'écriture, M. Ahern, inventeur d'une méthode des plus ingénieuses, et le professeur de dessin, M. Lefèvre, parce que leurs travaux sont, plus que d'autres, abordables dans une rapide visite. M. Lefèvre est arrivé à vaincre l'indifférence que les Canadiens témoignaient pour un art inutile à leur gré, en prouvant qu'il est au contraire « la base de tout travail manuel, et indispensable à l'agriculteur obligé bien souvent d'être son propre architecte, son propre menuisier, son propre arpenteur ». Il a maintenant de très bons élèves, qu'il fait profiter de l'expérience acquise dans une étude comparative des différents systèmes européens, une mission spéciale l'ayant conduit en Belgique, en Hollande, en Prusse, etc. La France surtout lui a fourni des exemples et il les applique avec un succès qui a été reconnu à l'Exposition de Chicago.

J'avoue que quelques-uns des apprentis instituteurs m'ont paru un peu lourds et timides; les enfants de l'école annexe auxquels ils faisaient la classe semblaient plus éveillés qu'eux-mêmes; mais la conscience et la bonne volonté existent, il est facile de s'en rendre compte, chez ces braves jeunes gens, et ce qu'on me dit de leur valeur morale suffit pour inspirer confiance. Après tout, ce n'est pas de l'éclat et du *brio* qu'on leur demande, il s'agit de donner les clartés indispensables à une population très simple, très pieuse, très indifférente aux innovations de tous genres. La détourner de l'agriculture serait antinational; le comité catholique tient à ce que des cours aussi complets que possible, des manuels préparés avec soin, développent de plus en plus chez le Canadien l'amour de la terre.

Soixante-quinze diplômés, en moyenne, sortent chaque année de l'école. La préparation au brevet d'école primaire dure un an; d'école modèle, deux ans; d'école académique, trois ans. Les jeunes filles ont les mêmes professeurs que les garçons; elles enseignent à une école annexe fréquentée par plus de cent soixante enfants, sous la direction du principal et des révérendes Dames Ursulines qui répondent d'elles moralement. Elles aussi ont pris le goût d'un certain genre de dessin; le temps que les garçons donnent aux figures géométriques, elles le consacrent à tracer des patrons pour la coupe des vêtements. Cette partie de leurs études est même ce qui a donné lieu, durant la visite que

je leur ai faite, à une petite scène amusante.
J'ai dit que le local qu'elles habitent était compris dans le couvent; les Ursulines ont l'École
normale sous leur aile. Après s'être distinguées
en arithmétique, après avoir lu presque sans
accent normand quelques pages de Louis Veuillot et m'avoir prouvé que l'histoire nationale
ne leur était point étrangère, les futures institutrices passèrent à des exercices plus pratiques. Deux d'entre elles montèrent sur l'estrade
surmontée d'un tableau noir, l'une prenant
des mesures, marquées sur le tableau, et
l'autre jouant le rôle passif de mannequin;
les chiffres étaient jetés tout haut : tour de
taille, tour de poitrine, largeur d'épaules, etc.,
comme si l'on eût été chez la couturière. De
graves ecclésiastiques cependant assistaient à
cette démonstration et, au fond de la chambre,
derrière une grille, la religieuse de garde allait
et venait.

Sur la liste des élèves de l'École normale, je
remarquai pour la première fois la préciosité
de beaucoup de noms de baptême canadiens :
Exilia, Lélia, Lumina, Malvina, Palmyre, Atala,
Azilda. Les hommes de la même classe se
nomment Zozime, Évariste, Abdon, Télesphore,
Zéphyrin, et ceci encore est français du vieux

temps. Je songe à deux de mes petits camarades, au village de l'Orléanais où je demeurais enfant : ils portaient des sabots, lui une blouse bleue et elle un bonnet rond, mais ils s'appelaient Alcide et Lasthénie.

III

Jamais je n'ai vu l'institutrice laïque exercer
ses fonctions au Canada même, mais ailleurs,
elle m'a très fort intéressée. C'était en Nouvelle-
Angleterre; j'y habitai quelque temps, chez
une amie, le plus exquisement puritain des
villages du Maine. Dans ce village, où les
signes d'idolâtrie papiste doivent être en horreur, s'ouvre cependant, à l'usage de quelques
Irlandais, une pauvre petite église catholique,
régie par un pasteur irlandais lui-même. On
m'avait dit que cette population catholique
était fort peu nombreuse : je fus donc étonnée,
le dimanche, de trouver l'église pleine. Ma
surprise fut plus grande encore quand le prêtre,
après avoir prêché en anglais, recommença son

sermon en français. Je me demandai si c'était par courtoisie pour moi, car j'étais bien sûre d'être la seule Française du village, mais, regardant alentour, je découvris beaucoup de grands gars aux larges épaules, bien plantés sur leurs jambes, qui ne ressemblaient ni de traits, ni de carnation, aux citoyens de l'endroit. C'étaient des Canadiens revenus en ces parages, qu'autrefois ils ravagèrent si souvent, revenus, dis-je, avec des intentions pacifiques désormais, pour travailler à la terre. Ils gagnent ainsi de l'argent, qui leur profite peu, car ils le dépensent à mesure ; on les voit rentrer au pays avec de beaux habits, une montre dans le gousset; au fond, ils feraient mieux de rester chez eux à défricher le sol natal, mais la passion du voyage, du déplacement, de l'aventure, et je ne sais quel atavisme, les emportent. Le prêtre, toujours missionnaire, de même qu'il accompagnait leurs aïeux au combat, les suit volontiers aujourd'hui dans ces pacifiques expéditions, à moins qu'ils ne soient sûrs, comme dans le cas actuel, de trouver un curé parlant français.

Ils n'avaient emmené à S.-B. que la maîtresse d'école. Oh! celle-là, je suis bien sûre qu'elle n'avait pas de brevet! Elle me fit l'effet

d'une petite paysanne tout inculte, quand elle
me rendit visite, introduite par la femme de
chambre irlandaise, qui était son amie. Je me
rappelle avec quelle attention elle écoutait ce
parler de Paris, nouveau pour ses oreilles et
qu'évidemment elle jugeait incorrect; de son
côté elle ne devait pas enseigner une langue
très pure, mais du matin au soir, tandis que
les parents étaient aux champs, elle donnait à
leurs enfants, moyennant cinquante sous par
mois, ses soins, son temps, sa vie, dans une
espèce de grange qui lui servait d'école. Elle
ne se réservait même pas le dimanche; à l'église
elle aidait le curé, réunissant les siens pour le
chapelet qu'elle récitait avec une rapidité prodigieuse. Seul un moulin à prières aurait pu
rivaliser avec elle. Et cette pauvre petite figure
noiraude, mal fagotée, avait sa grandeur; elle
se tenait au milieu de son peuple comme
l'image même de la paroisse absente.

Ce qui devait lui être le plus étranger c'étaient
les livres, mais nombre de Canadiens sont dans
le même cas. Sous prétexte qu'il existe de
mauvais livres, ils se défendent même les bons :
jamais je ne m'étais doutée, avant d'avoir causé
avec eux, — je parle des gens éclairés, —
qu'autant d'œuvres littéraires fussent à l'index,

et il n'y a rien de plus vide, de plus désolé qu'une librairie de Québec, si ce n'est le même magasin à Montréal. Mais, à Montréal, une réaction commence à se produire, et elle vient des femmes. J'en eus la preuve à peine débarquée. On parlait beaucoup de la conférence faite par une jeune madame Dandurand, fille et femme d'hommes politiques au pouvoir.

Elle avait pris prétexte d'une réunion de charité à l'asile de la Providence pour faire un peu de *féminisme*, sans même reculer devant ce mot discrédité. Le premier journal que j'ouvris me mit au courant de son discours, censé à l'adresse des dames exclusivement, mais qu'entendirent dans l'ombre plusieurs hommes. Elle prévint leurs critiques en déclarant très vertement qu'après avoir été tous féministes, au moins une fois dans leur vie, ils seraient forcés de le redevenir quand, réduits à l'état des vieillards qu'abritait ce toit hospitalier, ils ressentiraient la vérité de la parole de l'Esprit saint : « Malheur à l'infirme qui n'a que des cœurs d'hommes et des mains d'hommes autour de ses douleurs! » Après leur avoir ainsi fermé la bouche, elle se garda prudemment de faire l'apologie du féminisme de tous les pays, ce mot ne contenant pas un programme fixe et ses tendances variant selon les lieux. Au Canada, l'État qui se désintéresse de l'éducation supérieure des filles, de l'assistance publique[1] et des œuvres de bienfaisance en général, s'en remettant entièrement à l'initiative et à la compétence féminines, ne peut honnêtement réprouver des prétentions qui se résument en un mot : être utiles, se rendre utiles de plus en plus. Pour cela il faut que l'on permette aux femmes l'étude. Pourquoi pas? Fénelon, monseigneur Dupanloup, monseigneur d'Hulst la leur ont bien conseillée! Il faut qu'au nom même des enfants qu'elles élèvent on leur permette de lire. C'est une tendance générale, universelle, qui dirige le siècle vers la haute culture; or cette tendance n'est favorisée au Canada que par les adversaires de la foi. Les catholiques resteront-elles donc dans un état d'infériorité? Seront-elles forcées, pour en sortir, d'aller chercher dans un milieu neutre ou hostile ce qu'elles ne trouveraient pas dans leur propre entourage? La question se pose ainsi. Madame Dandurand concluait que l'Université Laval, créée pour l'instruction supérieure de la jeunesse masculine, pouvait et devait assurer aux

---

1. La loi contre la mendicité a toujours été néanmoins très rigoureusement appliquée.

jeunes filles quelques ressources intellectuelles, celles qu'accorde l'Université protestante et anglaise.

En parcourant ces réclamations très mesurées, très justes au fond, je pensais que les Canadiennes avaient franchi du chemin depuis celles dont un certain Mémorial de famille [1], lu avec beaucoup d'intérêt à Québec, me retraça les vertus domestiques. La dame d'autrefois, qui faisait ses délices des études philosophiques d'Auguste Nicolas, qui se défendait Walter Scott comme un péché, qui relisait tout entière, trois fois pendant sa vie, la grande Histoire de l'Église de l'abbé Rohrbacher est loin, très loin, évidemment; il faut que l'Église en prenne son parti, la voix légère de madame Dandurand et son fin sourire l'affirment. J'ai causé avec elle, et elle m'a conquise, plus encore par sa prudence et par ses réserves que par ses revendications, car, d'abord, cette féministe modérée est épouse et mère, catholique et Française. Elle fait partie du Conseil des femmes du Canada présidé par lady Aberdeen, qui se met à la tête de toutes les organisations de charité, mais elle déclare

---

1. *Mémoires de famille. L'Honorable C.-E. Casgrain et madame Casgrain. Rivière-Ouelle, Manoir d'Airvault.* Édition essentiellement privée.

fermement que chaque section de ce comité doit être indépendante et que les membres catholiques, si leurs convictions étaient froissées, se retireraient sur-le-champ d'un terrain hostile. Elle ne se borne pas à le dire, elle l'a écrit dans un petit journal dirigé par elle pendant quatre ans, *le Coin du feu*, journal soutenu, administré, rédigé uniquement par des femmes. Son apparition avait été presque un scandale ; puis il se fit accepter, et je le comprends, car j'en ai vu plusieurs exemplaires où les intérêts intellectuels et moraux de la famille étaient principalement en jeu, où abondaient les bons conseils donnés avec esprit. D'ailleurs on y citait presque à chaque page les écrivains français ; on y laissait percer quelques illusions naïves sur les hommes politiques de chez nous ; tout ce qui est de France en général y était cité à titre d'exemple ; nous serions mal venus de nous en plaindre.

Donc il existe des femmes de lettres canadiennes ; la première en date fut mademoiselle Laure Conan : son roman d'un très noble idéalisme, *Angéline de Montbrun*, prouve qu'elle s'est nourrie d'Eugénie de Guérin ; mais ni la tendresse, ni le sentiment de la nature, ni la passion n'y font défaut et, quand on sait que l'auteur écrivait dans la solitude d'une campagne inabordable aux bruits du monde, sans autres inspirations que le grand spectacle du fleuve et le calme rustique de la vie de famille, on n'a pas le courage de reprocher à cette isolée qu'enivre la lecture de quelques chefs-d'œuvre, d'abuser un peu des citations.

Ce qui manque à tous les hommes de lettres du Canada, c'est, comme le disait très bien l'un des plus connus, Octave Crémazie, le poète, c'est d'avoir une langue à eux, de parler iroquois ou huron, car ils auraient alors des chances pour être traduits. Écrivant en français, comme les Belges, ils n'ont pas, à proprement parler, de littérature nationale; ils sont de simples « colons littéraires ». Octave Crémazie regrettait qu'avant Fenimore Cooper il ne se fût pas trouvé un Canadien capable d'initier l'Europe aux splendeurs de la forêt, aux exploits légendaires des sauvages et des trappeurs. Il eût certainement approuvé mademoiselle Barry, qui signe *Françoise* des récits champêtres, de s'appliquer à rendre avec sincérité la physionomie et le langage de ses personnages [1].

---

1. *Fleurs champêtres*, par Françoise; Montréal, 1895. — Fleurs très fraîches et d'une très savoureuse couleur locale.

Ce fut mademoiselle Barry qui m'adressa une invitation pour la réunion de la société du château Ramezay. Et là, ni plus ni moins qu'à Boston, je me trouvai au beau milieu d'un club. On n'ose prononcer ce nom défendu, et le but est assez hypocritement déguisé sous apparence de collections historiques. Rien de plus légitime que de rassembler les curiosités de la province dans ce vaste bâtiment, qui date de 1705 et servit quelque temps de résidence officielle aux gouverneurs anglais. Deux salles renferment beaucoup de vieux portraits accrochés au-dessus d'armes rouillées, de flèches sauvages à pointes de silex, de débris variés de toute sorte. La cloche de Louisbourg, offerte par mademoiselle Barry, n'est pas l'objet le moins précieux. Il semble qu'elle sonna le glas de cette ville forte, à jamais disparue, qui vit toute sa population transportée en France à la fois, tandis que la garnison décimée partait captive pour l'Angleterre.

La société féminine des antiquaires au château Ramezay me montra, pour la première fois, ce qui est la caractéristique de Montréal, deux mondes de nationalités et d'habitudes différentes subsistant côte à côte sans se mêler. Dans la ville, c'est ainsi : les

Français, qui forment plus de la moitié de la population, habitant les quartiers de l'est, les Anglais vivant à l'ouest, avec la grande rue Saint-Laurent entre eux comme un abîme. De même les membres anglais et français de la société des antiquaires se séparent instinctivement malgré le trait d'union créé par leur présidente, qui porte le nom écossais de Mac Donald, tout en étant de la famille du marquis de Vaudreuil, dernier gouverneur français du Canada.

La première lecture est faite par une dame anglaise, Mrs Logan. Elle lit un très bon morceau sur madame de la Tour, l'héroïne acadienne, venue de France, native du Mans.

L'Acadie avait été partagée en trois provinces, dont le gouvernement et la propriété furent distribués entre des ambitieux qui renouvelèrent entre eux les luttes des grands vassaux au moyen âge. C'étaient des rivalités pour la traite des pelleteries, des discussions pour la limite de leurs terres, des jalousies de toute sorte produisant de véritables guerres. Il en fut ainsi entre Charles de la Tour et le sieur d'Aulnay de Charnisay. Le premier obtint l'alliance précaire et très peu loyale des Bostonais, comme on appelait alors les voisins d'Amérique ; avec leur aide il empêcha son adversaire de s'emparer du fort Saint-Jean qui lui appartenait, mais Charnisay devait se venger de cet échec. Pendant une absence de La Tour, il assiégea le fort de nouveau. Madame de la Tour, électrisant par son courage la poignée d'hommes qui l'entourait, fit une si belle défense qu'une première fois l'ennemi se retira. Il revint cependant avec des forces nouvelles et elle dut consentir finalement à accepter des conditions honorables. Mais Charnisay viola aussitôt la capitulation ; en entrant dans le fort, il fit pendre la petite garnison et força madame de La Tour d'assister au supplice, la corde au cou. Elle en mourut d'horreur et de rage. J'aurais su plus de gré encore à son apologiste d'avoir parlé et si bien parlé d'une héroïne française si je n'eusse démêlé que la victime de Charnisay était huguenote et que son mari avait constamment joué un double jeu entre la France et l'Angleterre.

Mrs Logan fut chaleureusement applaudie, puis les dames anglaises, presque en masse, suivirent leur compatriote dans la pièce voisine, où les conversations bourdonnèrent, tandis que madame Dandurand, à son tour, lisait un essai fort bien tourné sur un livre écrit par quelqu'un de ses ancêtres. Il paraît que, dans le cas contraire, c'eût été le même manque d'égards, les Françaises ne se gênant pas plus avec l'autre camp qu'il ne se gêne avec elles.

La musique mit tout le monde d'accord : on écouta les intermèdes d'airs canadiens agréablement chantés par les dames de la ville. Les Anglaises, de leur côté, nous donnèrent un joli concert de banjo ; un thé des plus élégants fut servi avec accompagnement de glaces, de rafraîchissements de toute sorte : bref, la France eut le dernier mot, puisqu'on se sépara au son de *Vive la Canadienne !*

Je m'informe des origines de la société. En somme, elles sont anglaises : tout l'honneur de ce développement intellectuel qui se prépare au Canada remonte à lady Aberdeen. Elle a éveillé une noble émulation pour les choses de l'esprit chez ces mères de famille qui jusque-là dirigeaient leur activité d'un seul côté. Je sens et j'apprécie mieux, à quelques très jeunes femmes que la poésie, le roman, la littérature pure et simple ebranlent un peu comme dans le vieux Paris, ... d'un jurisconsulte, d'compose un sorte de haute émulation pour les lettres, est aussi utile pour elles-mêmes et celles de leurs enfants. Il faut dire qu'au Canada, bien qu'il soit toujours régi par la Coutume de Paris, quelque peu modifiée sans doute, les femmes ne sont point en tutelle. Le droit de tester à sa guise existant pour le père, il arrive que les fils n'héritent pas directement : le fils aîné d'une famille nombreuse me disait : « — Notre grande soumission à notre mère restée veuve ne venait pas seulement de l'amour qu'elle nous inspirait. Nous savions que notre avenir matériel était entre ses mains, puisque, héritière unique de notre père, elle pouvait à sa guise répartir ses biens entre nous ou nous en déposséder tout à fait. » La tendresse naturelle des parents pour les enfants répond de la justice apportée dans cette distribution. Généralement le fils aîné est avantagé, ayant des devoirs particuliers à l'égard de ses frères.

Mais revenons à la question féministe : la comtesse d'Aberdeen, qui tient le gouvernail, ne se borne pas à encourager les travaux de l'esprit ; tous les efforts, quels qu'ils soient, l'intéressent : elle veut que le labeur de la servante ou de la journalière soit honnêtement rétribué, elle se préoccupe du sort de ces humbles, et, pour donner l'exemple, elle réunit ses propres domestiques dans des meetings, où les enseignements utiles et les bons conseils alternent avec les lectures et les tasses de thé. Son influence sur tous les points est des plus salutaires, chacun le reconnaît.

Lady Aberdeen n'habite ni Montréal, ni Québec, quoique maintes circonstances officielles l'amènent dans ces deux villes [1]. La capitale de la puissance (*dominion*) et la résidence du gouverneur général du Canada sont Ottawa, une ville neuve de quarante mille habitants environ, tandis que Québec en compte soixante-quinze mille, et Montréal plus de deux cent mille; mais le choix d'Ottawa eut justement pour but d'empêcher des discussions de préséance entre la vieille cité historique et le grand centre commercial qui, lui aussi, a ses annales glorieuses.

Il est impossible de différer plus que ne le font Québec et Montréal. Au point de vue pittoresque, la silhouette de Québec, abordée du côté de la rade, avec ses remparts, sa citadelle, ses rues escarpées, ses toitures de fer-blanc qui étincellent, est tout autrement saisissante; mais, si l'on veut rendre justice à Montréal, il faut le contempler des hauteurs de ce parc public, l'un des plus beaux qui se puissent

______

1. Ceci fut écrit avant le rappel tout récent de lord Aberdeen, remplacé par lord Minto. Son départ a laissé d'unanimes regrets.

voir en Amérique ou partout ailleurs. Il revêt
une montagne où les massifs de rochers se
dégagent de bois séculaires. De la terrasse
qui couronne le sommet, la vue s'étend illimi-
tée sur la ville et sur ses environs. Il y a tant
de rues plantées, tant de promenades, de quin-
conces, tant d'arbres en un mot qu'on croirait
cette grande cité aux tours, aux flèches et aux
clochers nombreux, gisante à plat dans une
forêt. Les faibles ondulations qui aboutissent
au Mont-Royal sont couvertes des plus belles
résidences, toutes anglaises, puis une vaste
étendue plane se déroule jusqu'aux quais qui
rejoignent une autre forêt de mâts, de voiles,
de cheminées fumeuses, pressés les uns contre
les autres sur le Saint-Laurent. Dans l'inter-
valle les églises, les couvents, et d'autres bâtiments publics plaquent leurs masses grises ou
rougeâtres sur la verdure ininterrompue. Le
pont Victoria, long presque de trois kilomètres,
repose sur vingt-quatre piles. Bercée par le
grand fleuve bleu, voilà l'île Sainte-Hélène dont
le nom rappelle à jamais la première dame
européenne débarquée au Canada, cette belle
Hélène de Champlain que les sauvages, non
convertis encore, voulaient adorer comme une
divinité. Elle était huguenote quand son mari

l'épousa à douze ans, mais il la convertit si bien qu'elle n'aspira plus qu'au cloître. La mort de Champlain lui permit de prendre le voile à Meaux, dans un couvent d'Ursulines qu'elle avait fondé.

L'autre rive du Saint-Laurent est festonnée de collines, derrière lesquelles on entrevoit les Adirondacks, malgré quelques brumes légères qui estompent çà et là le bleu du ciel; la douceur de ces vapeurs ensoleillées au-dessus d'une éblouissante éclosion printanière ne peut se rendre. Le mot de printemps, du reste, n'est pas juste au Canada; l'été éclate soudain au lendemain des frimas. Partie le 20 mai, il m'a semblé en route que la campagne verdissait à vue d'œil; le feuillage tendre des saules, des bouleaux et des aunes, les fleurettes blanches du senellier tranchaient délicatement sur le noir des vieux sapins durcis par les girandoles de glace qui s'y étaient si longtemps accrochées. L'herbe se déroulait en nappes d'une fraîcheur virginale, avivée encore par les cascades des petites rivières tout en rapides qui, bondissant sur les roches, forment des couches de cristal étagées. Et le ciel noyé s'éclairait tout à coup de tons d'argent bruni. Les vergers en fleur promettaient ces superbes pommes dont nous ne connaissons en Europe que les moindres échantillons; la grise et surtout « la fameuse », rouge même à l'intérieur, se consomment sur place, car des greffes multiples ont rendu l'espèce primitive relativement rare. Feuillage, gazons, dessous de bois, tout faisait penser aux paysages trop verts de César de Koch. Maintenant, sur la plate-forme du parc de Mont-Royal, la verdure est plus belle encore, quoique moins métallique, car s'il a plu hier, s'il doit pleuvoir demain, il ne pleut pas, il ne peut pleuvoir aujourd'hui pour une raison péremptoire : c'est le jour de naissance de la Reine. Le temps est toujours beau en l'honneur de Sa Gracieuse Majesté; on dit avec confiance *the Queen's weather*. De mémoire d'homme, il n'a plu pour sa fête. Beaucoup de drapeaux, beaucoup de pétards. La population en masse est dehors; les chemins de fer, les tramways électriques transportent au rabais tout le monde à la campagne.

IV

Si j'ai été introduite par le clergé dans les
cercles québecquois, je dois d'entrer en rapport
avec la société montréalaise à la courtoisie, à
la bonne grâce obligeante du consul général
qui représente la France au Canada, comme on
voudrait qu'elle fût, pour son honneur et son
plus grand bien, partout représentée.

Les souvenirs agréables me reviennent en
foule : soirées charmantes où les jeunes filles
sont toutes naïvement jolies, gaies, simples et
bien mises à la fois, dansant avec une légèreté
d'oiseau, coquettes d'une coquetterie moins
savante que celle des Américaines proprement
dites, rappelant plutôt, avec quelques différences dues à l'effet du climat, d'autres gra-

cieuses créoles [1], celles de la Louisiane, bref, réalisant le type de l'ingénue d'autrefois, l'ingénue de chez nous, mais en liberté.

On fait partout beaucoup de musique. Aux thés de cinq heures, entre Françaises, se glissent une ou deux Anglaises qui, par leur sympathie pour les choses de France, ont acquis des droits à l'intimité. Grand *luncheon* de dames, plus cérémonieux et très élégant, mi-parti français, mi-parti anglais, en nombre à peu près égal, vingt-quatre couverts, chez la femme d'un haut fonctionnaire dont le nom français s'associe au titre de *lady*, son mari ayant été anobli par la Reine. Ceci arrive comme en Angleterre, pour récompenser de loyaux services, au grand dépit des bleus intransigeants qui ne pardonnent pas à leurs compatriotes de se laisser *sirer* [2]. Accueil affable entre tous dans l'hospitalière maison du magistrat éminent qui, gouverneur de Québec aujourd'hui, a quitté sa maison de Montréal pour la splendide résidence de Spencer Wood.

Il y a beaucoup plus de diversité dans la société montréalaise que dans celle de Québec.

1. Créole, pris dans son véritable sens, veut dire né aux colonies, d'ancêtres européens.
2. D'accepter le titre de *sir*.

Le nom de Français s'étend à tous ceux qui parlent notre langue, fussent-ils Suisses ou Belges, et partout on sent l'infusion des habitudes anglaises comme elle n'existe pas à Québec. Par exemple, nous chercherions vainement dans cette dernière ville rien qui ressemblât au salon de madame Herdt, femme et mère de deux hommes distingués se rattachant à l'Université Mac Gill. J'y ai entendu de la musique qui ne saurait être comparée à ce qu'on appelle d'un bout du monde à l'autre musique d'amateur, et en outre des *lectures* qui révélaient de réelles qualités littéraires, le tout sans pédantisme ; mais le ton bien français de la maison était très distinctement protestant, ce que nous appelons ici genevois, même quand Genève n'y est pour rien.

Il y a douze ans que la société dont M. et madame Herdt font partie s'est formée entre amis pénétrés des mêmes goûts. Une fois par semaine ses membres se rassemblent chez l'un d'entre eux, à tour de rôle ; un compte rendu de la réunion précédente est donné, puis lecture est faite de différents travaux, chacun d'eux choisi au gré de l'auteur ; intermèdes de chant, de musique instrumentale et de conversation. Bien peu de salons à Paris posséderaient les éléments d'une fête de ce genre ; l'égalité des sexes dans le talent m'y a paru chose démontrée ; cependant j'aimerais à citer, comme tout à fait supérieur, un morceau sur la moralité et la croyance, à propos d'Octave Feuillet, par le Révérend M. D. Coussirat, de l'Université de France, professeur d'hébreu et de littérature orientale à l'Université Mac Gill.

Le poète attitré du Canada, Fréchette, était présent. Il nous dit un poème patriotique, éclos au milieu des terribles nouvelles du bombardement de Paris en 1870 :

Tandis que d'un œil sec d'autres regardaient faire,

. . . .

Par delà l'Atlantique, aux champs du Nouveau Monde,
Que le bleu Saint-Laurent arrose de son onde,
Des fils de l'Armorique et du vieux sol normand,
Des Français, qu'un roi vil avait vendus gaiment,
Une humble nation qu'encore à peine née,
Sa mère avait un jour, hélas ! abandonnée,
Vers celle que chacun reniait à son tour
Tendit les bras avec un indicible amour.
La voix du sang parla, la sainte idolâtrie
Que dans tout noble cœur Dieu mit pour la patrie
Se réveilla chez tous...

et, avec une émotion accrue par celle de son auditoire, le poète répète ce cri qu'alors poussa

un million de voix : « Vive la France ! » Il dit
comment, à Québec, dans le quartier des
fabriques, le faubourg Saint-Roch, *la Marseillaise*, une *Marseillaise* bien détournée du sens
révolutionnaire, éclata tout à coup :

C'était le vieux faubourg,
Qui grondant comme un flot que l'ouragan refoule,
Gagnait la haute ville et se ruait en foule
Autour du consulat...

Et voilà qu'un homme de la troupe, un for-
geron, le scapulaire au cou, parle : il annonce
que lui et les siens sont prêts à partir.

« ... Prenez toujours cinq cents,
Et dix mille demain vous répondront : présents ! »
Hélas ! son instinct filial
Ignorait que le code international,
Qui pour l'âpre négoce a prévu tant de choses,
Pour les saints dévoûments ne contient pas de clauses.

Nul n'aurait pu dire si les vers étaient bons
ou mauvais, mais il y eut un long silence
plus significatif que tous les applaudissements.
Pour rompre ce charme douloureux, l'auteur
de *la Légende d'un peuple* nous lut, sans tran-
sition, une amusante histoire de conducteur
de *cage* sur le Saint-Laurent, où le patois de
Normandie, les mots de vieux français reve

naient à chaque ligne. On se sépara fort tard, sans se douter de l'heure avancée.

Ce sont des maisons telles que celles-ci dont les plaisirs délicats font rêver les jeunes dames catholiques de Montréal. Bientôt, je n'en doute pas, elles auront des bibliothèques, des soirées littéraires, elles échapperont dans une certaine mesure au joug qui, si longtemps, a pesé sur elles et que certains esprits avancés commencent à traiter d'*obscurantisme*. Le clergé, qui a tant fait à travers les siècles pour le Canada, n'attendra pas qu'on le dépossède d'une part d'autorité qui, jadis utile à tous, tend à devenir excessive. Il consentira spontanément au sacrifice, — sacrifice plus difficile qu'aucun autre, car partout nous voyons les maîtres, les parents, tous ceux qui ont exercé une autorité sans contrôle pour le bien des faibles et des ignorants, hésiter, l'heure venue, à leur laisser le gouvernement d'eux-mêmes. Cependant c'est la fin et ce devrait être le but de toute éducation.

Le contact du *self-government* britannique a nécessairement agi sur le Canada. Croirait-on que le premier journal date de la conquête anglaise ? Auparavant on n'éprouvait le besoin de rien imprimer ni de rien lire. Au point de vue esthétique, c'était plus beau et beaucoup plus original, cette grande pastorale paisible traversée d'un souffle d'épopée ; mais il n'y a pas à réagir contre le progrès quand une fois son action a commencé. A en juger par le passé, encore si proche, et par ce qui reste aux Canadiens, même à ceux des villes, de leurs qualités natives, ils ne prendront pas le mors aux dents, ils suivront le sage conseil de leur historien Garneau. Que les Canadiens, dit Garneau en abrégé, soient fidèles à eux-mêmes, qu'ils restent sages et persévérants, que le brillant des nouveautés sociales et politiques ne les séduise pas. C'est un peuple de cultivateurs dans un climat rude et sévère. Depuis la conquête, il a fondé toute sa politique sur sa propre conservation. Il était trop peu nombreux pour prétendre se mettre à la tête d'un mouvement quelconque à travers le monde. Une partie de sa force vient de ses traditions. Qu'il ne s'en éloigne que graduellement. N'est-il pas sorti surtout de cette Vendée normande, bretonne, angevine, dont l'admirable courage a couvert de gloire le drapeau qu'elle leva au milieu de la Révolution française ?

Certes les Canadiens sont bien loin d'oublier

ce drapeau ; voyez plutôt, dans la cathédrale de Montréal, l'espèce de piété qui entoure celui que les dames de la ville donnèrent aux zouaves pontificaux du Canada. Cependant le mal et le bien de l'individualisme commencent à se glisser chez eux, et, comme toujours, c'est la femme qui, la première, cueille le fruit de science. Tout en consentant encore à représenter les rouages très actifs d'une machine qui fabrique le plus de citoyens possible[1], puisque la prépondérance des Canadiens français ne peut s'affirmer que par le nombre, ces dames réclament quelques récompenses tout intellectuelles ; le clergé ne les gardera pour alliées qu'au moyen de concessions sur ce chapitre. Il devra en faire plusieurs autres encore que nous ne nous permettrons pas d'indiquer, mais qui s'imposent visiblement. Alors les libraires français et catholiques justifieront leur nom en vendant, ni plus ni moins que les libraires anglais et protestants, des livres qui auront cessé d'être marchandise prohibée. Mais, dès à présent, malgré certains préjugés et certains abus, il est consolant et

____

1. Un prêtre m'a dit que, dans sa longue carrière de confesseur, il n'avait rencontré qu'une seule femme en révolte contre le fardeau de la maternité.

instructif pour notre pays, qui va trop vite en beaucoup de choses, de regarder de loin cet autre lui-même, si fortement pourvu des plus sérieuses qualités de la race, si peu touché encore par les maux de la civilisation, gardant une si ample réserve de vertus solides qui sont tout de même les vertus françaises, vertus surannées de la Nouvelle-France, devenue maintenant par excellence l'ancienne.

V

Une anecdote pour finir : le plus joli souvenir que j'aie du Canada remonte au temps où je ne le connaissais pas encore. En 1893, je revenais de Chicago après la foire universelle, me dirigeant sur l'Est où des amis m'attendaient. Un train manqué au Niagara, une dépêche égarée furent cause que personne ne vint à ma rencontre lorsque, passé minuit, j'entrai en gare de Boston. Je cherche une voiture, elles sont toutes prises, et je me trouve fort embarrassée, faute de connaître les ressources d'une ville où je débarque pour la première fois. Tandis que j'explique mes difficultés à un cocher prêt à partir, en insistant sur ce point que je suis étrangère, Française, une tête de femme, que j'aperçois confusément derrière un voile et dans l'obscurité, se penche à la portière ; elle répète le mot : « Française ? » avec un accent de cordialité dont je reste toute surprise.

— Française, vous êtes Française ? montez !

Et la portière s'ouvre, et je me trouve assise à côté d'une forme invisible à demi qui me serre affectueusement les mains.

— Moi aussi je suis Française puisque je suis Canadienne. Où allez-vous ?

J'eus beau m'en défendre. Elle voulut me conduire dans un quartier très éloigné de celui qu'elle habitait elle-même, répétant toujours : « Vous êtes Française », sans écouter mes excuses, me parlant de Paris où elle n'était jamais allée, puisque, toute Française qu'elle fût aussi, elle n'avait de sa vie quitté l'Amérique.

Lorsque nous nous séparâmes, je songeai à lui demander son nom. Elle me le jeta au milieu des exclamations et des excuses de mes amies accourues pour me recevoir. Je l'oubliai à peine entendu. Il me serait impossible de reconnaître ma bienfaitrice, je ne l'ai jamais remerciée qu'aujourd'hui ; mais il faut être séparée de son pays et de tous les siens par l'Océan pour comprendre ce que vaut une pareille bienvenue.

Cette histoire vraie a un pendant, l'histoire non moins authentique de M. l'abbé Casgrain.

Il avait rêvé pendant toute son enfance et sa première jeunesse de visiter la France, d'aller chercher dans les Deux-Sèvres et le Lot-et-Garonne le double berceau de sa famille paternelle et maternelle. Prêtre depuis peu, il put enfin réaliser ce désir ; il partit avec un ami et débarqua en Angleterre. De là, sans s'arrêter, il gagna Dieppe, la ville vénérée d'où le meilleur du Canada est sorti ; puis, à Rouen, il voulut profiter d'un arrêt du train pour visiter la cathédrale. Hélas ! la plus cruelle des aventures l'attendait. Un agent de police l'appréhenda au corps. Quelque chose lui était apparu d'insolite et de suspect dans la physionomie de ces ecclésiastiques en redingote, dans les manifestations peut-être de leur enthousiasme ; d'ailleurs ils venaient d'Angleterre, ce foyer des pires complots ; c'était au lendemain d'un attentat contre la vie de l'Empereur. Bref, les innocents voyageurs furent amenés devant l'autorité, dûment interrogés et, l'exhibition des passeports ayant mis fin au malentendu, on les relâcha. Mais le train était parti pendant toutes ces explications, sans parler du coup porté au cœur d'un ardent patriote qui, dès le premier pas sur ce qui lui semblait être quelque chose de plus sacré encore que le sol natal, s'était senti méconnu. Les deux incidents me paraissent singulièrement caractéristiques.

DANS LA NOUVELLE-ANGLETERRE

I

DU CANADA AU MAINE

Chacun sait qu'il n'y a pas de pays plus éloignés l'un de l'autre, malgré la rapidité du trajet et la facilité des communications que ne le sont la France et l'Angleterre. En quelques heures on se trouve transporté aux antipodes; les caractères, les mœurs, les habitudes diffèrent absolument à droite et à gauche de la Manche. Il en est de même par delà l'Océan, entre la Nouvelle-France et la Nouvelle-Angleterre; je l'éprouvai en passant du Canada dans le Maine et le Massachusetts, du pays des coureurs de bois à celui des Pères Pèlerins. Une nuit de voyage seulement et vous abordez un autre monde, mais vous avez plus vite fait d'aller de Calais à Folkstone et la surprise est la même.

Je quitte Montréal le 25 mai 1897, sous des torrents de pluie qui ne me permettent de rien découvrir du paysage noyé dans l'eau plus encore que dans les ténèbres. Cependant je continue à voir. Des visages, des sites qui depuis quelques semaines me sont devenus familiers, défilent photographiés, pour ainsi dire, dans ma mémoire. Et cette évocation continue dans le sommeil. Je rêve encore du Saint-Laurent et du Saguenay, de Sainte-Anne, de la Montmorency et des rapides de Lachine quand déjà se dressent devant moi les belles découpures des White Mountains, frappées par les premiers rayons du soleil. Une éblouissante matinée de printemps succède au déluge. Les bois de pins s'étagent sur des pentes de granit, des nappes d'eau vive brillent encadrées de jolis établissements de pêche, et les villages construits en bois n'offrent aucune ressemblance avec les paroisses canadiennes; plus de ces vieilles fermes aux murailles massives qui, coiffées d'une haute toiture, décrivent sur de grandes étendues des processions dont le terme est l'église. L'église ici c'est le *meeting house*, en planches comme tout le reste, se distinguant à peine des autres

maisons par une espèce de petit beffroi à jour
que surmonte un coq en guise de girouette.
Édifice civil autant que religieux, comme l'indique son nom. Les Puritains, pères de la
Nouvelle-Angleterre, tenaient en ce lieu toutes
leurs assemblées, quel qu'en fût le but; louer
le Seigneur, préparer une campagne contre les
Indiens, régler les affaires extérieures de la
colonie, admonester ou condamner, eux les
promoteurs de la liberté de penser, quiconque
ne pensait pas à leur façon, Dieu étant mêlé
d'ailleurs à tous les débats et à toutes les
besognes.

Autant que le Canada, la Nouvelle-Angleterre
était une théocratie, mais le Dieu des Canadiens demeurait le fidèle allié du roi qui envoya aux missions des Jésuites ces ornements
de prix, cette orfèvrerie somptueuse que l'on
montre encore à Lorette, tandis que le Dieu
des Puritains ne voulait ni roi, ni évêque, ni
pompe, ni hiérarchie, ni symboles, à ce point
que le gouverneur Endicott n'hésita pas à mu-
tiler de son épée le drapeau anglais pour en
retirer la croix, signe d'idolâtrie papiste. On
ne pouvait être chrétiens de manière plus
opposées, et aux différences de religion s'ajoutait, avec les antipathies de races, l'horreur

de certains souvenirs. Les guerres franco-indiennes qui se renouvelèrent si souvent fournissent aux campagnes d'inépuisables légendes. Les sauvages dépossédés recherchaient l'alliance qui leur fournissait des armes, Abénakis contre Anglais, Iroquois contre Français.

Notre Nouvelle-France occupait une position beaucoup plus avantageuse, que celle de sa voisine et couvrait des espaces vingt fois plus considérables, mais l'immigration augmentait sans relâche la force des troupes coloniales anglaises. A qui resterait la prééminence sur le continent d'Amérique? Toute la question semblait être là lorsque surgit, comme dans la fable, le troisième larron. Cette lutte qui durait depuis un siècle se termina par la proclamation de l'Indépendance américaine, les colons anglais ayant constaté que les armées régulières de la mère patrie n'étaient pas invincibles. Washington dut sentir sa force le jour où, à la tête des tirailleurs virginiens, il retarda l'éclatante victoire des Français sur le général Braddock.

Combien les faits deviennent plus intéressants quand on en voit le théâtre! Mon train passe tout près de l'endroit où une statue colossale rappelle le nom de Hannah Duston, cette fermière des environs de Haverhill enlevée par les sauvages qui ravageaient et incendiaient le pays. Nouvelle Judith, elle massacra ses ravisseurs à coups de hache tandis qu'ils dormaient.

L'État du Maine se venge pacifiquement aujourd'hui du tort que lui ont fait les Canadiens et leurs terribles alliés ; il attire par l'appât du gain dans ses manufactures Jean-Baptiste qui ferait mieux de cultiver la terre natale. Et les prêtres de là-bas savent ce qu'ils disent lorsqu'ils répètent à leurs ouailles en s'efforçant de les retenir : « Le Yankee, voilà l'ennemi ! » Non seulement il est cause que les champs du Canada restent en friche, mais encore les traditions catholiques et françaises sont en péril sur ce sol voué à l'hérésie et où fut acclamée la Révolution.

On n'en est pourtant plus dans les villages habités par les fils des Puritains aux interminables discussions théologiques, passe-temps favori des ancêtres. Je m'en assure dès ma première halte à South-Berwick.

South-Berwick a eu la bonne fortune de produire un romancier qui sait intéresser l'ancien monde comme le nouveau à une population si différente de ce que les étrangers ignorants croient être, en bloc, le peuple américain : un ramassis de gens très vulgaires, très durs et de provenances mêlées. Lisez les esquisses de Sarah Jewett, vous verrez que le caractère des citoyens de la Nouvelle-Angleterre est avant tout la dignité : *dignified*, cette épithète revient souvent, et en effet elle exprime mieux qu'aucune autre les aspirations, la tenue, la conduite de chacun. L'apparence même du village de South-Berwick est distinguée. Dans les larges avenues qui tiennent lieu de rues, les maisons ne s'alignent pas les unes contre les autres ; semées de distance en distance, elles s'entourent de jardins que borde une barrière. Celle que j'habite, à l'entrée du village, donne sur la petite place d'un aspect provincial délicieux et où les arbres jouent un tel rôle décoratif qu'on s'étonne de voir la lumière électrique éclairer ce joli coin de campagne ; la nuit, le feuillage brode des ombres chinoises délicates et mobiles que je ne me lasse pas d'admirer sur les stores blancs de mes fenêtres.

Partout règne un aspect général de prospérité. Les filatures de coton dressent leurs grands bâtiments près de l'écluse formée par la Piscataqua. Cette belle rivière, salée à l'embouchure, baigne les chaînes de collines, préludes des Montagnes Blanches. Un petit édifice de granit, très haut planté, domine de sa dignité supérieure les constructions en bois; c'est la Bibliothèque, fière de sa tour, de son porche monumental, des beaux vitraux qui décorent ses salles de classes et de conférences.

Comme à mon premier voyage, je suis étonnée de l'absence apparente de paysans et d'ouvriers. Toutes les maisons me font l'effet de maisons bourgeoises; bourgeois aussi le costume des hommes et, quant aux femmes, elles portent sans exception des toilettes de dames; on me dit que ces élégantes sont autant d'ouvrières employées dans les fabriques.

En effet South-Berwick est habité surtout par des artisans enrichis, des manufacturiers. Ce qu'on appelait jadis la bonne société, ces vieux capitaines au long cours, ces vieilles demoiselles dont les amusantes manies, les façons surannées nous font sourire dans les récits de miss Jewett, ont presque entièrement disparu, les capitaines surtout, qui avaient parcouru toutes les mers, visité l'Europe et gagné un peu partout beaucoup d'argent. Il reste d'eux, dans les plus anciennes demeures, un certain fond d'exotisme, porcelaines de Chine, verreries de Venise, objets précieux venus de loin. La mer était le champ d'action du colon de la Nouvelle-Angleterre, comme la forêt était celui de l'habitant de la Nouvelle-France; il exploitait les pêcheries négligées par ses rivaux et montrait dans des expéditions aventureuses et lointaines une indomptable vaillance, qu'il n'appliquait à la guerre que contraint et forcé. Tout autre était l'opinion du gentilhomme canadien, chasseur et soldat, se rattachant, si pauvre qu'il pût être, aux traditions de la cour de Louis XIV, tandis que les colons anglais étaient de la même étoffe solide et résistante dont Cromwell fit ses Bras de fer [1].

Le 30 mai, jour consacré à la commémoration des morts glorieux tombés pour la cause de l'Indépendance, j'ai l'occasion de voir réunis quelques types caractéristiques de l'endroit. Un usage touchant s'est établi peu à peu depuis la guerre de Sécession. Ce qui reste des hommes qui dans chaque localité y prirent part se transporte au cimetière pour décorer les tombes des camarades.

Le 30 mai tombant un dimanche, la décoration annuelle est retardée; cependant je vois

1. Lire Parkman, le grand historien du Canada.

les vétérans porter leur drapeau à l'église. Ils
forment un groupe compact marchant au pas
militaire. Leur tenue est éminemment « res-
pectable ». Bonnes figures énergiques et graves,
profils droits taillés à grands traits, barbe rase,
sauf parfois sous le menton ce petit bouquet
de poil qu'on ne rencontre plus guère aux
États-Unis que dans les régions reculées. Le
chapeau de feutre à ganse d'or, l'uniforme bleu
montrent qu'on appartient à la société dite
l'Armée de la Grande République. Ce sont des
charpentiers, des forgerons, des fermiers, des
gens que nous appellerions du peuple; il y a
pourtant un médecin dans le nombre. Je les
reverrai la semaine suivante au cimetière où,
musique et tambour en tête, ils iront planter
les couleurs nationales sur les tombes de leurs
compagnons disparus. Quelques-unes de ces
tombes renferment le corps, d'autres ne sont
que commémoratives. Et les familles suivent à
pied ou en voiture, chargées de bouquets. Aux
hymnes succède le chant national, *America*,
sur l'air conservé de *God save the king*. Le ministre parle longuement de la guerre « qui
jamais plus ne se renouvellera ». Une brise
douce agite les arbres, le soleil éclaire cette
scène rustique toute de recueillement, de

prière, de respect, d'émotion virilement contenue.

Chaque tombe de soldat ayant été saluée à son tour, les vétérans continuent leur procession à travers la campagne; ils vont chercher dans les champs de repos dispersés qui apparaissent loin de toute église, et dans les cimetières particuliers attenants parfois aux fermes, le tertre vert ou la pierre levée qui recouvre un soldat.

Pendant les promenades que je fis sur les hauts plateaux du Maine, il m'arriva de voir une tache de couleur vive éclater dans la verdure ou briller sur la nappe blanche des marguerites en fleur : le drapeau, strié, étoilé, bleu, blanc, rouge des États-Unis, le petit drapeau tout neuf du jour de la Décoration attestait qu'un des enfants de l'endroit était mort pour son pays et que son pays ne l'oubliait pas.

Mais c'est à Boston qu'il faut cette année, 1897, célébrer le *Memorial Day*, l'inauguration du monument de Robert Gould Shaw ajoutant un intérêt particulier à la solennité. Nous nous transportons donc en ville pour un jour.

II

LE « MEMORIAL DAY »

On connaît à Paris le monument de Shaw, puisqu'une réduction en a été envoyée par le sculpteur Saint-Gaudens à notre dernière exposition du Champ-de-Mars ; l'histoire de l'œuvre et son but sont admirables, au moins autant que l'œuvre elle-même.

Quand la Chambre du Massachusetts vota en 1865 une statue équestre à la mémoire de Shaw et ouvrit une souscription pour rassembler les fonds nécessaires, elle eut soin de spécifier qu'il ne s'agissait pas d'un simple hommage de reconnaissance publique rendu à un soldat mort glorieusement pour la patrie, mais de la commémoration d'un grand fait historique qui n'était autre que le triomphe définitif de la liberté. En effet, le sacrifice que le jeune colonel Shaw fit de ses préjugés et de sa vie en conduisant le premier régiment nègre à l'assaut du fort Wagner, marque la date du véritable affranchissement des esclaves appelés à l'honneur de défendre leur pays.

Ce Bostonien de race, aussi fier de ses origines que pourrait l'être aucun patricien du vieux monde, et dont le « sang bleu » est sans cesse rappelé dans les panégyriques dont il est l'objet, accepta de son plein gré ce qui autour de lui passait pour un opprobre. A vingt-six ans, marié de la veille, au seuil d'une carrière qui s'annonçait brillante, il quitta le régiment où il s'était distingué déjà pour tenter la douteuse aventure derrière laquelle il y avait pour lui une question de principe. Il brava le ridicule qui s'attachait à cette entreprise et ce fut peut-être le moment où il lui fallut le plus de courage. Au grand nombre il semblait impossible que le nègre pût avoir, comme le blanc, le sentiment du devoir militaire auquel rien ne l'avait préparé ; une écrasante majorité s'élevait contre la formation des régiments de couleur ; le président Lincoln lui-même ne se prononçait pas franchement en leur faveur, mais blâme et raillerie durent faire silence le jour où Shaw criant : *Onward !* En avant ! tomba percé de coups dans les tranchées du fort Wagner avec la moitié de ses hommes. Une pareille hécatombe était la meilleure des réponses et, pour compléter la beauté, le sens profond du drame, l'ennemi enterra Shaw, en signe de mépris, pêle-mêle « avec ses nègres. »

C'est ici que commence le rôle très noble de la famille du héros ; jamais le père ne voulut faire aucune tentative pour retrouver le corps ignominieusement enfoui de son fils et, lorsque la statue fut votée, il conseilla de ne pas mettre en évidence une figure unique, alors que d'autres avaient droit au même honneur. Cette pensée d'absolu désintéressement, Saint-Gaudens, l'artiste américain qui porte un nom de France et qui a dans les veines un génial mélange de sang français et irlandais, mit douze années à la mûrir. Le résultat final fut le haut-relief qui représente Shaw à cheval, l'épée nue à la main, conduisant ces mêmes soldats nègres qui, tués à ses côtés, lui tiennent aujourd'hui compagnie chez les morts.

L'emplacement choisi fut en face du Capitole, au niveau de la plus belle rue de Boston. Une large brèche ayant été pratiquée dans le mur qui sépare du Parc Beacon Street, le revers du monument se trouve dans le Parc même, ce *Common* si rempli de souvenirs patriotiques. Longtemps un échafaudage de planches défia la curiosité des passants, puis arriva enfin le *Memorial Day*, choisi pour l'inauguration. Vers dix heures, nous nous trouvons, mes amies et moi, aux premières loges, sur un balcon pavoisé.

De hauts dignitaires passent en voiture : le gouverneur du Massachusetts, le maire de Boston, le président de l'Université de Harvard, les notabilités civiles et militaires qu'on me nomme à mesure, entre autres le colonel Higginson, une des figures les plus en évidence du vieux Cambridge, qui commanda lui-même un régiment nègre dont il a écrit l'histoire. Aux fenêtres, beaucoup de dames; des tribunes chargées de monde officiel dans la cour de la *State house ;* des grappes de gamins accrochés aux arbres, une foule considérable, mais fort tranquille dans le Parc et dans Beacon Street; les agents la repoussent sur le passage des troupes ; celles-ci avancent en bon ordre sous une fâcheuse averse qui met trop de parapluies dans le décor.

On acclame le fameux 7e de New-York, l'un des plus beaux régiments des États-Unis; on acclame le corps des Cadets, les milices du Massachusetts, mais pour des yeux européens les gardes nationales n'ont jamais grand prestige ; d'ailleurs les uniformes américains ne sont pas beaux, s'ils sont pratiques ; c'est la marine surtout qui me paraît mériter les hourras. Nouvelle ovation pour l'infanterie de couleur ; ici l'enthousiasme s'adresse à la réalisation pleine et entière d'une idée qui avait passé d'abord pour chimérique. Cet enthousiasme s'affirme et grandit sur le passage des débris du régiment de Shaw, une soixantaine de nègres, vieux, infirmes, mutilés, celui-ci la manche repliée sur un bras absent, celui-là traînant une jambe de bois. Le plus jeune compte bien cinquante ans ; c'est peut-être le petit tambour qui sur le bas-relief ouvre allégrement la marche. Pauvres diables ! Ils sont venus de divers États, plusieurs ont fait des centaines de lieues sous les lambeaux d'uniformes qui leur restent, reliques des jours de gloire et de misère, et les voici de nouveau, après trente-quatre ans, à la même place d'où ils partirent, de ce pas dont Saint-Gaudens nous fait sentir le rythme un peu traînant, caractéristique de la race, résolu néanmoins et que rien n'arrêta. Celui des poètes américains qui occupe aujourd'hui le rang de lauréat, T. B. Aldrich, a chanté dans l'Ode qui lui fut demandée en cette grande circonstance « les morts qui ne mourront point ». Voici devant nous, en effet, avec leur jeune chef, jeune à jamais, les fantômes du 54e, ces esclaves de la veille, qui déploient le drapeau lacéré, témoin de l'assaut du fort Warwick. Il fallait, pour prouver leur valeur, les envoyer aux avant-postes. L'épreuve réussit. Quand le premier porte-enseigne tomba frappé à mort, un certain Wilkins ramassa ce drapeau sous une grêle de balles en s'écriant : « Il n'a pas touché terre, camarades ! » Et il ne le lâcha plus. Il le tient encore aujourd'hui. Wilkins fait bonne figure dans ce groupe d'épaves humaines devant lequel l'armée défile en saluant.

Les temps ont bien changé depuis le jour du départ, et ces changements sont tout à l'avantage de la race noire. Les ruines vénérables du 54e semblent le sentir, quoique leur attitude ne soit certes pas celle de gens qui viennent d'être coulés en bronze pour la postérité. Par exemple, un vétéran de la marine est escorté jusqu'au bout par ses petits-enfants, aussi noirs que lui, deux jumeaux en uniforme de matelot qui marchent au pas militaire de toute la vigueur de leurs jambes courtes, à droite et à gauche de l'aïeul. Ce n'est pas très régulier, mais ces belliqueux Lilliputiens mettent au tableau une touche comique; ils m'ont fait rire de bon cœur quand l'émotion me prenait à la gorge.

Au moment où va tomber le voile qui cache le monument, un coup de canon est tiré auquel répondent les salves des navires dans le port. S'il y eut alors des discours prononcés, je ne les entendis pas; on applaudit frénétiquement le sculpteur Saint-Gaudens. C'est un peu plus tard, dans le Music Hall, l'immense salle de concerts, qu'un assaut d'éloquence se produit, le gouverneur Wolcott, le maire Quincy, le colonel Lee, le professeur James, de Harvard, faisant tour à tour l'éloge de Robert Shaw et de cette charge désespérée « qui après tout fut un échec, mais un échec à la façon des Thermopyles dont on parlera quand de plus hauts faits d'armes seront oubliés, car l'importance historique d'un événement ne se mesure ni à sa grandeur matérielle ni à son succès immédiat »!

Si brillants que soient les orateurs, le grand succès paraît être pour Boker Washington, professeur d'une université nègre, qui prend la parole comme représentant de la classe de couleur, et il faut convenir qu'au physique il la représente sans aucune distinction, ce qui n'empêche qu'il y ait sous cette peau ténébreuse et ces traits épatés une belle intelligence. Dans un discours bref, où chaque mot porte, où abondent les idées générales, il prouve que l'abolition de l'esclavage n'a pas seulement délivré les noirs, qu'elle a encore, qu'elle a surtout délivré les blancs dont le développement moral était impossible sous ce règne d'iniquité. Il n'exagère pas les progrès accomplis déjà par sa race, il énumère avec fermeté toutes les qualités qui lui manquent encore, mais il a foi dans l'avenir préparé par le collège, par l'école industrielle, par l'habitude prise d'un effort soutenu. Faire son devoir sur le champ de bataille n'est pas le plus difficile. Un jour viendra où rien de ce qui est permis au blanc ne sera défendu ou refusé au noir. Le ton est fier, sans aucune jactance. Boker Washington restera dans le souvenir des Bostoniens comme la figure principale, le *lion* de cette journée, avant tout comme un vivant argument en faveur de sa cause.

Nous allons, la foule s'étant dispersée, regarder en détail le monument de Shaw. La partie architecturale confiée à M. Mac-Kim ne me parait pas sans reproche, mais le haut-relief de Saint-Gaudens est une œuvre dont on ne peut bien apprécier l'exécution qu'après s'être rendu compte des difficultés qu'elle offrait. Une impression d'unité toute classique se dégage de l'ensemble; en même temps, les types sont d'une réalité scrupuleusement observée. On me fait remarquer que le cheval n'a rien de conventionnel, qu'il réunit toutes les caractéristiques du cheval américain. Au-dessus du groupe en marche flotte une figure de femme, un bras étendu pour montrer le chemin, retenant de l'autre main les palmes de la gloire et les pavots de la mort. Chez cette personnification de la destinée, je reconnais le visage régulier d'une jeune dame de Boston qui mériterait d'être grecque. Ces traits d'observation locale ne sont pas les moins appréciés.

Nous descendons les degrés conduisant aux bancs de granit placés des deux côtés de la fontaine qui décore l'autre face du monument. Là sont inscrits, au centre de couronnes de lauriers, les noms des officiers tués dans l'attaque du fort Wagner et une inscription suit dont voici le sens :

Au 54ᵉ régiment d'infanterie du Massachusetts. Les officiers blancs firent cause commune avec des hommes de la race méprisée, encore ignorants de la guerre, et risquèrent la mort comme instigateurs d'une insurrection d'esclaves au cas où on les eût faits prisonniers.

Les noirs, engagés volontaires à l'heure de la mauvaise fortune, servirent sans solde pendant dix-huit mois jusqu'à ce qu'on leur eût décerné la même paye qu'aux troupes blanches, s'exposant à l'esclavage qui les menaçait, s'ils étaient pris; braves dans l'action, patients dans de lourds travaux, toujours gais parmi les pires privations.

Ils sont une demi-douzaine de badauds, occupant les premiers ces deux bancs de pierre qui font partie du monument, tous couleur de suie, les yeux brillants, le sourire aux lèvres. Ce sourire s'élargit tandis que l'une de nous achève tout haut la lecture qu'ils faisaient à demi-voix :

Ensemble, ils donnèrent à la nation et au monde la preuve immortelle que les Américains d'origine africaine possèdent la fierté, le courage et le dévouement du soldat patriote. Cent quatre-vingt mille de ces Américains-là s'enrôlèrent sous le drapeau de l'armée en 1863-65.

Toute la journée les nègres se succèdent devant cet ineffaçable certificat d'égalité, toute la journée, ils grouillent triomphants à travers la ville. L'inauguration du monument de Shaw serait un acte de haute politique, quand bien même le patriotisme et la reconnaissance n'eussent pas suffi à l'inspirer.

Mais en rappelant ces choses aujourd'hui, il me semble que ma plume retarde d'un siècle. Les incidents de la guerre avec l'Espagne reculent dans un passé lointain cette guerre civile, dont on continuait, faute de mieux, à faire tant de bruit. Voilà le caractère du *Memorial Day* complètement altéré. Les processions aux tombes des soldats, d'année en année moins nombreuses, vont recevoir de terribles renforts. Les drapeaux clairsemés se multiplieront par centaines, et combien d'autres tombes resteront sans décoration sur les plages tropicales où le climat et la fièvre firent presque autant de victimes que le canon !

Je suis bien aise d'avoir vu le dernier *Memorial Day* d'une Amérique étrangère aux conquêtes qui aujourd'hui sont un fait accompli, et de loin je salue avec plus de respect que jamais le monument de Shaw, ce champion désintéressé de la fraternité humaine.

II

UN PÈLERINAGE A CONCORD

Comparer le village de Concord où brilla
« cette blanche lumière », le génie d'Emerson,
à Stratford-sur-Avon et à Weimar, serait
d'abord une banalité, le rapprochement ayant
été fait plus d'une fois, et ensuite une erreur
de jugement, comme le sont si souvent les
comparaisons, car la dévotion qui conduit force
pèlerins à Concord est beaucoup plus locale,
jusqu'ici, que celle dont peuvent être l'objet,
dans leurs tabernacles respectifs, Shakspeare.
ou Gœthe. Pourtant, Emerson qu'on a si
souvent désigné en France avec une assez vague
admiration comme l'auteur de *la Nature*, com-
mençant à être sérieusement étudié dans un
groupe de philosophes et de moralistes, il peut

être opportun d'aller le chercher et le surprendre au lieu qui est le plus imprégné de sa mémoire. On sait tout ce que Concord fut pour lui; il y retrouvait le souvenir de ses aïeux, presque tous hommes d'église, l'exemple de son grand-père surtout, le prêtre patriote de la Révolution; il y avait vécu enfant, auprès de sa mère veuve, il y fut toujours rappelé par des affections de famille et de choix; enfin, après avoir abandonné l'église unitairienne, il vint y abriter une vie qui, pour n'avoir plus de but déterminé, n'en était pas moins vouée à diriger par d'autres chemins les âmes vers Dieu, justifiant en quelque sorte son paradoxe que pour être bon ministre, il faut avoir quitté le ministère.

Le 3 juin, nous prenons le train qui de Boston conduit en une demi-heure à la retraite dont Emerson écrivait: « Amoureux de solitude, je m'en allai vivre à la campagne, à dix-sept milles de Boston, et alors le vent du nord-ouest avec ses neiges prit soin de moi et me défendit contre toute compagnie en hiver, tandis que les collines et les bancs de sable, intervenant entre la ville et moi, faisaient bonne garde en été. » Ces protections ne l'empêchèrent pas d'être assailli par tous les songe-creux et tous les visionnaires du monde, lesquels, sous prétexte de consulter le Prophète, dévoraient son temps et sa vie. Si enveloppé qu'il soit de douceur et de sérénité, il crie dans ses confidences à son journal l'impatience que lui causent ces bras de mendiants sans cesse tendus vers lui et auxquels il sent qu'il n'appartient pas. Qu'ils meurent ou qu'ils s'aident eux-mêmes! Il y aurait beaucoup à dire du reste sur la « douceur implacable » d'Emerson, sur sa glaciale urbanité, sur sa réserve tout aristocratique, sur sa sensitivité qui lui rendait pénible tout contact direct avec les masses, ou plutôt il y avait beaucoup à dire avant les excellents travaux qui ont paru récemment en Amérique, la biographie si consciencieuse, si intime, si complète de M. Cabot [1] et l'essai de M. J. Chapman qui est en quelques pages une œuvre de premier ordre d'où se dégage le jugement le plus libre et le plus sûr qu'on ait encore porté sur l'homme, le philosophe et le poète

J'éprouve une impression désagréable quand les amis qui m'accompagnent s'écrient, après m'avoir désigné de loin la fameuse prison

1. *A Memoir of Ralph Waldo Emerson*, by James Elliot Cabot, 2 vol.; Houghton Mifflin, Boston.

d'État et cette énorme fabrique de Waltham d'où sortent annuellement cinq cent cinquante mille montres : — Voilà le lac Walden, l'ermitage de Thoreau !

Les livres de ce disciple d'Emerson en qui le maître trouvait un mélange du Spartiate et de l'Hindou et d'abord un être profondément, absolument original, encore qu'il lui ressemblât ou parce qu'il lui ressemblait, ces livres d'un ermite en rupture irréconciliable avec la société[1] ne m'avaient pas préparée à une « solitude » que l'on découvre du chemin de fer et où les promeneurs du dimanche vont faire des pique-niques. Simplicité primitive de Walden, socialisme de Brook-Farm, envolées vertigineuses des Transcendentalistes vers la culture esthétique et sentimentale, tout cela ne serait-il qu'une pose ?

Comme s'il ne pouvait arriver que les préludes d'une Révolution soient exagérés ou même ridicules sans être pour cela moins significatifs ! Mais cette réflexion ne me vint que plus tard ; je note en toute humilité mon premier mouvement : j'abordai Concord avec quelque méfiance.

---

1. Voir le *Naturalisme aux États-Unis*, dans la *Revue des Deux Mondes* du 15 septembre 1887.

L'endroit est charmant, les collines basses, séparées par d'étroites vallées qui ne sont guère que des ravins de verdure, étant partout couvertes de beaux bois qui débordent jusque dans le village. Nous nous dirigeons sous un berceau ininterrompu d'érables magnifiques, Lexington Street, vers la maison d'Emerson. Il avait dénoncé son apparence médiocre, mais en ajoutant : « Nous y mettrons tant de livres et de papiers et, si c'est possible, tant d'amis intéressants, qu'elle aura de l'esprit autant qu'elle en peut porter. »

Cette maison est en bois peint comme toutes les maisons de campagne de la Nouvelle-Angleterre ; un petit chemin dallé conduit au porche que soutiennent deux colonnes ; même péristyle du côté qui représente la façade principale. Un jardin l'entoure, ce jardin où il émondait lui-même ses arbres fruitiers en avouant qu'il se faisait l'effet de l'empereur de la Chine à la tête d'une charrue symbolique, et où il piochait si maladroitement que son petit garçon lui disait avec sollicitude : « Prenez garde, papa, de vous piocher la jambe.

Mes yeux ne peuvent se détacher de cette prairie en pente douce qui descend vers la rivière qu'il traversait pour prendre le sentier conduisant à Walden à travers les champs, sa promenade favorite. Ce verger, ce potager où il se reposait par le travail manuel d'une tension d'esprit incessante sont encore remplis de sa présence. Il partageait la journée entre ses livres et la contemplation d'un coucher de soleil, d'une tempête de neige, d'un certain tournant de la Concord-River. Tout le paysage où ce voyant discernait entre elles et adorait à la fois « les harmonies qui sont dans l'âme et la matière, spécialement les correspondances entre celles-ci et celles-là », revêt par suite un caractère idéal. — Allons voir ses livres maintenant.

Miss Emerson habite la maison paternelle ; elle est absente aujourd'hui, mais nous sommes reçues par une de ses amies qui nous autorise à tout visiter. Voici, comme dans un grand nombre de maisons américaines, le vestibule où débouche l'escalier. A droite le cabinet d'Emerson ; rien n'y a été changé, sa table à écrire reste intacte ; il semble que devant elle le vieux fauteuil l'attende encore. Ce n'est certes pas un cabinet d'apparat, mais un vrai laboratoire de recherches et d'idées. Les volumes de la bibliothèque, relativement peu considérable, sont vieux et usés, des compagnons fidèles, consultés tant de fois! Je remarque une première édition des poèmes de Tennyson, partout annotée, Platon, dont Emerson est sorti tout entier, Plutarque et Montaigne qu'il aimait comme un frère pour son dédain du raisonnement systématique, pour l'indépendance avec laquelle il tenait à comprendre ce qu'il croyait, au lieu de s'en tenir à des formules toutes faites. Cette admiration accordée à Montaigne, de même que d'autres dogmes émersoniens, a fait son chemin en Amérique, si bien que je n'ai jamais rencontré de femme qui n'affichât un enthousiasme sans bornes pour notre grand sceptique. Emerson ne goûtait guère d'ailleurs la littérature française, l'esprit français. Cet esprit agile devait le déconcerter quelquefois, comme faisait le boulevard, lorsque, visitant Paris sans plaisir, il croyait l'entendre dire : « Qui vous amène, mon grave Monsieur ? »

A en juger par ce que je vois sur les murs, il avait le culte de Michel-Ange et de Raphaël. Ceci s'accorde avec ce que nous savons de son esthétique toute religieuse : la beauté des églises catholiques le touchait autant que leur hospitalité; il aimait leurs portes toujours ouvertes, il aurait voulu de la peinture, de la

sculpture dans les temples de son pays, et le
culte idéal qu'il rêvait eût gardé des points de
ressemblance avec les symboliques cérémonies
romaines. Il reprochait à l'église unitairienne
d'oublier un peu trop que les hommes sont
poètes. Devant son écritoire, je pense à ce que
nous apprend M. Cabot de sa manière de travailler. Dès que ses pensées avaient pris une
forme, il les jetait sur son journal ; ce journal
était l'inépuisable carrière d'où il tirait ses
essais et ses conférences. Avait-il un article
à faire, il en prenait les matériaux réunis sous
telle ou telle rubrique et y ajoutait ce que lui
suggérait le moment. Tout en se rendant parfaitement compte des lacunes et du décousu
inséparables d'un pareil procédé, il refusait de
se dégrader par la recherche d'une pensée.
« Si elle vient, je l'accueille volontiers, mais
si elle ne vient pas spontanément, c'est qu'elle
ne viendrait pas bonne. »

Je regrette que dans ce foyer de l'inspira-
tion on ait placé le buste qui fut fait de lui
tout à la fin de sa vie, quand avaient dû disparaître la merveilleuse mobilité de l'expression et cette délicatesse qui s'alliait chez lui à
l'extrême fermeté des lignes. C'est une tête de
vieillard qui nous accueille ; French, le scul-

pteur, s'efforça en vain d'y mettre cette superbe lueur de génie qui dans la conversation éclairait soudain, d'après le témoignage de ceux qui l'ont connu, ce visage ecclésiastique aux cheveux plats, au nez long, à la bouche discrète.

— L'embarras, disait gaiement Emerson parlant de son buste, c'est que plus il me ressemble, plus il est laid.

Le sage raillait d'un sourire sa propre décrépitude. Elle s'annonça par l'embarras de la parole; à propos d'un parapluie il disait : « Je ne sais plus son nom, mais je sais son histoire; les étrangers le prennent et l'emportent. » Une de mes amies de Boston, qui le priait de venir dîner chez elle, obtint cette réponse : « Comment serait-ce possible? Je ne me rappelle plus que deux mots : *si* et *mais.* »

C'est l'Emerson de ce temps-là que nous a conservé le buste de Daniel French; certes il fut noble et touchant jusqu'au bout, continuant à contempler de la piazza de sa maison, où après tant d'activité dépensée il aspirait au suprême repos, le cours fuyant de sa rivière chérie et les couchers de soleil qui pâlissaient à l'horizon; mais ce n'est pas là l'Emerson que nous voudrions auprès de cette table à écrire où furent tracées des œuvres assez fortes pour modifier profondément l'âme d'airain de la Nouvelle-Angleterre, en attendant que leur action s'étendît au monde entier.

A côté du cabinet s'ouvre un salon de la simplicité la plus austère. J'y remarque le cadeau de noces que Carlyle fit à madame Emerson, une gravure d'après l'*Aurore* du Guide. Carlyle et Emerson se rencontrèrent tout juste assez pour nouer une de ces amitiés issues de l'attrait des contrastes; l'un d'eux croyait à la vertu de l'autorité, l'autre à celle de la liberté : ils différaient au moral autant qu'au physique. Un portrait de Carlyle avec sa rude chevelure en désordre, sa physionomie âpre et tourmentée, représente la force presque brutale dans cet intérieur si calme, si recueilli où se reflète pour ainsi dire l'immatérialité d'Emerson. Ce maître séraphique ne pouvait, on le lui a reproché, rien échanger de personnel avec les humains; ses relations avec la Nature étaient plus faciles. Il semble que la rivière ait gardé l'écho des vers harmonieux qu'il lui adresse en l'interpellant par son nom indien :

Ta voix d'été, Musketaquid, — Répète la musique de la pluie...

Le jardin aussi se souvient qu'il lui a dit :

Si je pouvais mettre mes bois en chansons, dire ce qu'ils donnent de délices, — Tous les hommes viendraient en foule dans mon jardin — Et laisseraient les cités désertes...

Mon jardin est une lisière de forêt qu'entourent des forêts plus anciennes. — En pente il descend vers le bord du lac bleu, — Puis il plonge dans les profondeurs.

Il y a entre lui et les choses qu'il spiritualise une intimité à rendre jaloux ses amis moins bien partagés, une tendresse à désespérer la pauvre Margaret Fuller surtout, dont le tempérament ardent et impérieux lui fit toujours peur. Nous croyons la voir dans cette maison qu'elle remplit aux beaux jours du transcendentalisme de son éloquence passionnée, de son exaltation un peu théâtrale; elle passe avec des allures de sibylle, paraissant toujours demander à son ami « je ne sais quoi qu'il n'a pas ou qui n'est pas pour elle ».

Nous voici de nouveau dans l'avenue, et maintenant l'image évoquée par Nathaniel Hawthorne nous poursuit : « Il faisait bon le rencontrer dans notre avenue, avec ce pur rayonnement intellectuel qui émanait de sa présence comme du vêtement d'un être glorieux. Et lui, si tranquille, si simple, accueillant chaque être vivant comme s'il se fût attendu à en recevoir plus qu'il ne pouvait lui donner. Il était impossible de demeurer dans son voisinage sans respirer plus ou moins l'influence alpestre de sa haute pensée. »

Si Hawthorne rendit justice à Emerson, Emerson n'éprouva jamais pour lui de sympathie très vive. Il déclarait ne pouvoir lire aucun de ses livres avec plaisir. Aveu qui n'étonne qu'à demi quand on se rappelle certains portraits impitoyables du *Blithedale romance*, où il est facile de reconnaître, parmi les philanthropes chimériques, les utopistes obstinés, les rêveurs orgueilleux qui prétendent vainement régénérer le monde, tout le groupe de Concord, les amis d'Emerson, Hawthorne d'ailleurs parmi eux, et Emerson lui-même.

Les deux grands hommes étaient voisins, mais autant la maison d'Emerson était ouverte à la foule des enthousiastes et des oisifs qui venaient le prendre pour guide de gré ou de force, autant celle de Hawthorne, que nous atteindrons tout à l'heure sur cette même avenue, se fermait aux importuns. La taciturnité, la sauvagerie du romancier étaient proverbiales. Je regarde avec émotion cette espèce de belvédère, la tour d'ivoire où l'alchimiste composait un philtre rare, inimitable, mélange d'analyse ultra-subtile et de vigueur dramatique extra-ordinaire dont ses romans sont imprégnés. Quelques-uns méritent certainement de compter parmi les plus beaux qui aient été de notre temps écrits en langue anglaise.

Sauf les *Contes deux fois dits*, par lesquels il débuta, *les Mousses du vieux presbytère* que lui inspira sa première demeure à Concord, et la célèbre *Lettre rouge* dont s'enorgueillit Salem, presque tous virent le jour dans ce *Wayside home* qu'il habita depuis 1852. Il le trouvait beaucoup trop accessible et, dès que lui était signalée une visite, gagnait le bois. Un sentier propice à cette fuite devait être, prétendait-il, le seul souvenir qui resterait de lui. Certes, la belle tête léonine que reproduisent ses portraits ne donnerait l'idée ni de cette modestie, ni de cette timidité.

Entre la maison d'Emerson et celle de Hawthorne, nous nous sommes arrêtées devant Orchard House où demeurèrent longtemps les Alcott. Alcott, bâtisseur de mondes comme l'appelait l'oracle de Concord, qui manquait quelquefois de jugement, car ce bâtisseur de mondes ne fut pas capable de mener à bien la construction d'un simple phalanstère. On sait quelle fut la fin des expériences quasi fouriéristes de Brook-Farm et de Fruitlands, mais l'incapacité pratique n'était pas pour détourner de lui Emerson qui faisait cas de ses théories sans croire beaucoup à leur succès. D'après Emerson, l'homme doit se renouveler intérieurement avant de pouvoir améliorer son sort extérieur. Cette certitude l'empêcha toujours de se mettre en avant pour aucune réforme, sauf celles qui touchent directement à l'être spirituel, celles qui, faisant penser et agir les hommes, au lieu de les laisser en proie aux circonstances, les conduisent à être autre chose que de misérables *accidents*.

Il explique d'ailleurs d'une façon très particulière et où perce un grain d'égoïsme le plaisir que lui procure la société d'Alcott : « Quand je cause avec lui, c'est moins pour pénétrer ses pensées que pour m'observer sous son influence; il m'excite et je pense librement. » Aujourd'hui le nom de celui qu'il trouvait à tort ou à raison plus *dieu* que tous les autres, est bien oublié; mais on se souvient de la fille d'Alcott, l'auteur charmant de ces livres pour la jeunesse qui ont été traduits en français : *Little men*, *Little women*. Je salue avec plaisir la fenêtre devant laquelle courait sa plume sans prétention.

Nous avons failli passer sans la regarder, tant son apparence est modeste, devant l'École de philosophie, désormais close, où les beaux esprits de Concord se rassemblaient après la mort du maître pour évoquer ses leçons. On y entendit plus d'une belle conférence.

Après la maison de Hawthorne, presque à l'endroit où nous sommes conviées à voir le premier cep de vigne noueux et colossal d'où est sorti tout le fameux raisin de Concord, qui n'a rien de commun avec le chasselas, on tourne Merriam's Corner, le coin de route où les Anglais battirent en retraite (1775), et nous abordons le Concord historique. Voilà le vieux presbytère *(Old Manse)* bâti par le révérend William Emerson. Juste en face, une taverne peinte en rouge conserve la trace des balles tirées dans la journée du 17 avril. Devant elle, une pierre indique l'endroit où tomba mortellement blessé le premier soldat anglais. Ces souvenirs de révolte et de guerre ajoutent à l'impression que produit la demeure où Ralph Waldo Emerson vécut son enfance pensive, où plus tard il revint auprès des Ripley, derniers habitants du logis, écrire l'essai « de la Nature », où à son tour se développa le génie pessimiste de Hawthorne, si diffèrent sous des influences semblables. Au bout de l'allée plantée d'arbres qui le sépare de la route, le vieux presbytère aux tons d'argent, dans un cadre de sapins noirs et de lianes échevelées, est ce que j'ai vu de plus mélancolique parmi ces antiquités bizarres, les maisons de planches de la période coloniale. Alentour, le paysage présente toujours l'étendue de prairies, les buttes couvertes de chênes et de hêtres où Emerson nous raconte qu'il errait avec ses frères en récitant des vers ou en se représentant les héros du passé. Nous suivons la route sur laquelle son grand-père, le pasteur de Concord, vit, de la petite fenêtre d'un pignon, les fermiers, ses paroissiens, mettre en déroute les habits rouges ; puis nous atteignons le Monument, la pierre votive dressée « en signe de reconnaissance à Dieu et en l'honneur de la liberté ».

Nous passons le pont sur la rivière sinueuse et claire qui coule à pleins bords dans le gazon, pour regarder de près la statue de Daniel French représentant le *minute-man*, un milicien de ce détachement qui, toujours sur le qui-vive, devait être prêt à la minute. C'est un jeune fermier de Concord en hautes guêtres et chapeau rond ; il vient de saisir son fusil ; son habit est posé à côté de lui sur la charrue qu'il abandonne. Il y en eut quatre cent cinquante qui se battirent ici comme de vieux soldats et qui, sans ordre ni discipline, harcelèrent ensuite jusqu'à Boston les troupes anglaises.

Sur certains sites, on croit voir planer encore l'ombre d'un grand événement; tel n'est pas le pont du Concord. Jamais campagne plus riante ne parut ignorer les violences de la guerre. Les eaux abondantes et rapides viennent, après le débordement annuel, de rentrer dans leur lit, laissant les prairies tout en fleur et d'une éclatante verdure. Des iris, des glaïeuls remplissent la petite crique où se berce une barque à l'ancre sous d'épais ombrages retombants. On placerait ici une idylle plutôt qu'un poème épique, et cependant le *minute-man* nous dit de sa voix de bronze:

Ici, près de ce pont agreste, — l'étendard s'est ouvert à la brise d'avril, — ici, les fermiers se rangèrent en bataille et tirèrent le coup de feu qu'entendit l'univers.

Nous revenons sur nos pas, et les humbles reliques de la Révolution s'offrent à nous dans le Cabinet d'Antiquités, la lanterne par exemple de Paul Revere, qui joua un si grand rôle à la veille de la bataille de Lexington, en brillant, signal convenu, au sommet d'un clocher. Ce petit musée est dans la même rue que l'église unitairienne, l'église blanche qu'Emerson fréquentait de nouveau chaque dimanche en sa vieillesse. Et il ne se déjugeait pas pour cela, n'ayant jamais voulu attaquer aucun culte, aucune forme, mais seulement éveiller les âmes à un sentiment plus vif de ce qu'elles croient, en écartant ce qui peut obscurcir ou abaisser leur croyance. Ses obsèques y furent célébrées le 30 avril 1882 au milieu du deuil général. Nous nous les représentons, si simples, plus solennelles cependant que celles d'un roi, tout en marchant vers le *Sleepy-Hollow* (val dormant).

Le *Sleepy-Hollow* est digne du nom qu'il a emprunté à une légende. Jamais lieu plus poétique ne fut choisi pour champ de repos. Des accidents de terrain très proches les uns des autres contribuent à la beauté de cette espèce de bois sacré où les essences d'arbres les plus diverses entremêlent les nuances délicates de leur feuillage au-dessus des tombes, qui ce jour-là étaient fleuries comme elles le sont chez nous le jour des Morts. C'est que le jour des Morts, à une date différente, il est vrai, est fêté depuis peu dans l'Amérique protestante.

On vous dira que cette façon d'honorer les

morts n'implique pas que l'on prie pour eux; mais en réalité il y a là un retour fatal aux traditions, un irrésistible besoin ressenti par tous les vivants, à quelque religion qu'ils appartiennent, de communier avec les disparus qui leur furent chers. La décoration des tombes de soldats servit de prétexte, puis il arriva que les fleurs réservées d'abord aux défenseurs de la patrie furent offertes à d'autres défunts, de sorte qu'au 1er juin les cimetières d'Amérique ressemblent beaucoup à ce que sont les nôtres le 2 novembre. Les puritains, — je l'ai déjà dit, et il suffit pour s'en rendre compte de voir les lignes uniformes et serrées de tables d'ardoises plantées debout dans le vieux cimetière colonial de Concord, — les puritains mirent une ardeur farouche à effacer tous les symboles. Leurs fils y sont revenus et peut-être l'influence d'Emerson y a-t-elle été pour beaucoup. Le Sleepy-Hollow tout entier semble consacré à sa mémoire. Il le domine du sommet d'un monticule escarpé.

Nous gravissons le sentier tournant que veinent les racines saillantes des grands pins, et nous atteignons le bloc énorme de quartz rose, un fragment de glacier qui n'a de rival au monde que le rocher battu par les flots, mausolée de Chateaubriand. Par cette belle journée, le soleil fait étinceler le cristal vierge, pur et lumineux comme l'esprit même dont il est l'emblème. Au pied, sous un tertre sans nom, s'efface la femme du grand homme. Les pierres tombales des autres membres de la famille sont dispersées alentour. Celle d'un enfant chéri, mort à cinq ans, porte les vers dignes d'une anthologie grecque que son père lui consacra dans la pièce intitulée *Threnody :*

The hyacinthine boy, for whom
Morn well might break and April bloom,
The gracious boy who did adorn
The world whereinto he was born,
And by his countenance repay
The favor of the loving day,
Has disappeared from the day's eye.

Sur le bloc de granit qui recouvre les restes du fidèle disciple, Henry Thoreau, est jetée aujourd'hui une gerbe d'orchis roses dont le nom revenait fréquemment sous sa plume. Heureux l'écrivain qui s'impose ainsi à des souvenirs de tendresse!

De petites bornes en marbre blanc, frappées de simples initiales, indiquent à peine la sépulture des Alcott.

Les enfants de madame Ripley, l'admirable

femme du révérend Samuel Ripley, oncle d'Emerson, ont inscrit sur la tombe de leur mère un fragment de la vie d'Agricola. Elle aimait à lire Tacite en latin, comme elle lisait Théocrite en grec et les auteurs français, italiens ou allemands chacun dans sa langue, avec une égale facilité. Emerson disait cependant qu'elle était encore supérieure à tout ce qu'elle savait. Dévorée du besoin d'apprendre, elle vécut en compagnie de ses richesses littéraires et scientifiques dans un état de contentement que rien ne pouvait lui faire perdre et en suffisant aux devoirs domestiques les plus multiples. Jamais l'idée de produire rien de personnel ne lui vint, elle était trop occupée à acquérir des connaissances nouvelles, tout en aidant son mari, qui préparait des jeunes gens à l'Université, et en élevant ses sept enfants. Cela bien souvent sans domestique, forcée de servir elle-même le déjeuner dès cinq heures du matin et de raccommoder les hardes de la famille. Sa simplicité n'avait d'égale que sa distraction; l'histoire du balai qu'elle transporta certain jour à travers la ville de Boston, tout en causant, est restée légendaire. Madame Ripley fut jusqu'au bout la conseillère vénérée d'Emerson, de même que « la sage Elizabeth »,

Elizabeth Hoar, la fiancée de son frère défunt, était la confidente de ses plus secrètes pensées, sa *pierre de touche*.

Nous descendons vers la dernière demeure de Hawthorne, où la pervenche pousse à foison.

En errant sous les ombrages mystiques du Sleepy-Hollow, au milieu d'un imposant silence, les mots du poète : *Ici, il y a des dieux*, ne sortent pas de ma pensée, mêlés aux enseignements vraiment divins d'Emerson. Que d'autres sourient du transcendentalisme qui, soit dit en passant, se laissa donner, mais ne prit jamais ce nom ambitieux, qui se garda d'imposer des lois quelconques, qui n'eut que des buts larges, indéfinis, non promulgués, qui ne fut en un mot qu'un très noble état d'âme ; je le respecte avec toutes ses exagérations et toutes ses puérilités. Je ne reprocherai pas à Alcott ses manies, pas plus qu'à Margaret Fuller son pédantisme, je ne chercherai point querelle à Thoreau, comme j'étais prête à le faire en arrivant, pour s'être vanté d'avoir vécu solitaire au fond des bois, dans une maison bâtie de ses mains, tout cela près du lac Walden, d'où il entendait, — le mot est cruel, — la cloche du dîner d'Emerson. Ces gens ont été après tout les champions de l'idéal, ils ont délivré leurs concitoyens des liens de la routine et du convenu ; leur originalité s'est affirmée d'une façon généreuse dans ses excès mêmes, et leur héritage a contribué pour une grande part à former la société bostonienne d'aujourd'hui. Certes elle ne ressemble plus guère à la société rigide et artificielle que voulurent réformer, que transformèrent plutôt ces apôtres de la culture et de l'individualité. S'ils ne furent pas toujours très naturels, dans le sens que nous donnons à ce mot, par leur préoccupation même de revenir à la nature, d'être parfaitement eux-mêmes, de ne point se ressembler entre eux, ils furent du moins toujours sincères.

Quand, en regagnant le chemin de fer, je passe devant la petite maison confortable de Thoreau qu'il quitta pour aller à la porte de chez lui se nourrir de racines, travailler de ses bras et coucher à la belle étoile, je ne puis refuser mon estime à la loyauté de l'intention, d'autant plus qu'elle eut pour suite des « livres de plein air » qui ont fait profiter toute une génération des deux années de vie primitive dont voulut goûter leur auteur.

IV

SALEM ET SES ENVIRONS

Le vieux puritanisme de la Nouvelle-Angleterre, si étranger à tous nos instincts et qu'Emerson perça de si larges fenêtres pour y faire entrer l'air et la lumière, m'est apparu plus vivant qu'ailleurs à Salem, la cité mère du Massachusetts. Un nuage noir semble peser à tout jamais sur la colline sinistre où s'éleva le gibet des sorcières, où se manifesta le moyen âge américain qui rappelle singulièrement le nôtre, à la grande poésie près.

Superstitions, tortures, envoûtements, sortilèges, excommunications, rien ne manqua pour remplir de ténèbres et d'horreur l'année 1692. Rappelons-nous que le procès d'Urbain Grandier avait lieu en France un peu plus tôt seulement, avec l'approbation pleine et entière du cardinal de Richelieu ; n'importe, il est à noter que les protestants ne sont jamais restés au-dessous des catholiques sur le chapitre du fanatisme. En Amérique, ils les dépassèrent même de beaucoup ; on chercherait vainement dans les annales du Canada des exemples semblables.

La lettre lue, c'est le cas de le dire, puisqu'un texte de la Bible tant de fois lue, relue, scrutée et commentée, dit formellement : « Tu ne permettras pas à un sorcier de vivre ». Là-dessus, de sages gouverneurs, de savants théologiens firent sans remords dresser des potences.

Tout le monde connaît l'histoire lamentable des sorciers de Salem, comment, sur la dénonciation de huit petites filles dont plusieurs déclarèrent plus tard avoir été folles ou avoir « parlé pour rire », vingt innocents furent livrés à la corde, sans compter ceux qui succombèrent en prison. Les médecins d'aujourd'hui reconnaîtraient dans les illusions et les convulsions des « enfants affligés » un cas bien caractérisé d'hystérie, joint au besoin de se distraire un peu, de faire du bruit, de rompre la monotonie de cette existence austère, étouffante, où la gaieté, même honnête, eût été taxée de péché. *For fun*, par plaisanterie lugubre, macabre, faute de mieux, ces filles à qui la danse, la toilette, tout enfin était interdit, se donnèrent l'amusement pervers d'agiter la communauté ; elles se moquèrent une bonne fois, à tout risque, des ministres impitoyablement rabat-joie qui en étaient les arbitres. Les souvenirs de cette mystification remplissent encore Salem qui, un peu d'art et de réclame y aidant, a l'aspect voulu pour les faire valoir. Avec ses deux fortins croulants, plantés des deux côtés d'un port désormais réduit au cabotage qui remplace mal le grand commerce asiatique d'autrefois, elle sommeille, aux trois quarts morte, pareille à un grand magasin d'antiquités, antiquités relatives, cela va sans dire, remontant tout juste au XVIIe siècle. L'architecture même de la gare vous impressionne au débarqué, en affectant des airs de forteresse ou de prison. Deux tours noires, d'aspect rébarbatif, semblent vous dire : « C'est ici que souffrirent les malheureux accusés de criminelle connivence avec un chat noir ou un oiseau jaune, avec des formes volantes et rampantes qui ne pouvaient être que le diable ».

Non loin du chemin de fer se trouvaient le pilori et le poteau où l'on fouettait les condamnés pour des délits qui souvent n'avaient rien à faire avec le droit commun; l'obstination à ne pas fréquenter l'église suffisait. Devant nous une assez belle rue offre à notre curiosité des boutiques remplies de vieilles ferrailles, de vieilles poteries, de mauvaises estampes, de prétendu bric-à-brac vendu très cher et qui date, cela va sans dire, de l'époque du procès. Les marchands de balais sont nombreux, ce qui est de rigueur dans un pays de sorcières. L'étranger se porte d'abord vers la pharmacie du Vieux Coin, la *Witch-House* comme on l'appelle. Au début de l'atroce persécution, eurent lieu chez le magistrat qui l'habitait, Jonathan Corwin, les interrogatoires continués ensuite dans la *meeting-house*. Dès 1635, Roger Williams, arrivé d'Angleterre, avait logé dans cette même maison de planches. Il fut très cruellement chassé de la ville, et partit de là pour fonder la colonie de Providence sur des bases de liberté religieuse absolue dont il n'avait certes pas trouvé l'exemple à Salem.

Rien n'a été changé aux parois ni aux solives de la chambre où il se berça, au cœur même du plus implacable fanatisme, d'un beau rêve

de tolérance universelle. Seulement la très
large cheminée est devenue un couloir qui
fait communiquer deux pièces ; dans l'arrière-
boutique, on vend des baguettes de coudrier
et différents objets relatifs aux sorcières. En
écoutant bien, j'entends de faibles échos répéter les questions ineptes posées à ces malheu-
reuses : « Quand vous chevauchez vos bâtons,
allez-vous à travers les arbres ou par-dessus ? »
Peut-on s'étonner que l'imbécillité des uns ait
produit la folie des autres, et que les prétendus
suppôts de Satan aient fini quelquefois par
avouer, sans avoir en réalité rien commis, ou
par accuser le voisin, ce qui était le meilleur
moyen d'obtenir miséricorde ?

Cependant le pharmacien, qui a très avanta-
geusement remplacé magistrats et sorcières dans
la vieille maison, nous vend une friandise particulière au pays, le « gibraltar », bonbon fortement parfumé à la menthe et dont le nom tient
sans doute à la dureté de roc qui le distingue.
Tandis que nous lions connaissance avec lui,
on est allé quérir le fameux George Arvedson,
« seul guide compétent » de la ville de Salem.
Pour mieux dire, Salem appartient à George
Arvedson, et il croit en être personnellement
l'un des traits principaux, puisque, dès les pre-

mières politesses, il avertit ses clients que la généalogie des Arvedson, d'origine suédoise, remonte au xve siècle, ce qui ne l'empêche pas de se contenter d'un dollar l'heure. Il condescend même à vous procurer des voitures et vous commande au besoin un déjeuner à « la vieille boulangerie », *Old Bakery*, que le fait d'être antérieure à 1690 recommande apparemment à l'estime des gourmets. Lorsqu'on revient d'Amérique, par parenthèse, les objets anciens font horreur, on voudrait proscrire le mot *vieux* du dictionnaire, tant le culte sans aucun discernement de la vieillerie, quelle qu'elle soit, vous a souvent offusqué. Notre guide américano-scandinave montre du génie en rattachant ses origines au xve siècle.

D'un air d'autorité, il nous conduit où bon lui semble, sans s'inquiéter de ce que nous désirons voir : « Je reconnais tout de suite, dit-il, la nationalité des voyageurs à ceci : les Français sont curieux avant tout des sorcières, les Anglais me questionnent sur Hawthorne. » Mais il ne doute pas un instant que les visiteurs, de quelque pays qu'ils viennent, ne s'intéressent à sa propre maison, la maison des Arvedson, qu'il désigne avec fierté en annonçant qu'elle fut celle de son arrière-grand-père et que deux fois il y vit le jour, car, étant devenu aveugle, il recouvra la vue.

Salem est, somme toute, une très jolie ville malgré ses allures un peu somnolentes et sa réputation tragique. L'orme, cette parure forestière de l'Amérique, s'y manifeste avec splendeur; on se promène sous de hautes voûtes de verdure dont nulle part je n'ai rencontré l'équivalent. Les maisons sont enguirlandées de feuillage, tapissées de « lierre de Boston ». L'une des plus belles est celle de Timothée Pickering, adjudant général des armées de Washington, l'un des chefs du parti fédéral aux États-Unis; une plaque de bronze au-dessus de la porte nous rappelle ses mérites.

Auprès des hôtels particuliers de date récente, les habitations primitives se font reconnaître à leur cheminée unique, à leurs pignons bizarres, à leurs toits en croupe, à pans rompus, *gambrel roof* ou *lintoo roof*; ce nom indique les pans inégaux, descendant d'un côté jusqu'à terre ou il s'en faut de peu. Le premier étage en saillie servait de position pour tirer sur les Indiens quand ils attaquaient. Une de ces cabanes vermoulues est celle de Brigitte Bishop, la première sorcière exécutée, personne quelque peu excentrique, à qui l'on pouvait reprocher

de vendre du cidre et d'offrir aux consomma-
teurs les séductions d'un jeu de galet, le seul
que se permissent les moins intransigeants
d'entre les puritains. En outre, elle portait un
corsage rouge à l'époque où les couleurs
sombres étaient recommandées; ces méfaits
ne lui parurent pas suffisants pour motiver
son arrestation, car elle s'arma d'une bêche
contre ses accusateurs ; mais les voisins ayant
prétendu qu'elle les paralysait en braquant
sur eux le mauvais œil, ce fut assez pour
convaincre de son crime des inquisiteurs
calvinistes tels que Jonathan Corwin, John
Haworth et le ministre Noyes, groupe sinistre
de terribles honnêtes gens que vint renfor-
cer ensuite le grand théologien de Boston,
Cotton Mathers. On la pendit. On pendit bien
un pauvre chien convaincu de sorcellerie! Une
petite fille de quatre ans fut tout près de
subir le même sort. Mais ce ne sont là que
des épisodes insignifiants. Arvedson nous fait
toucher les pièces authentiques du grand
dramé dans une salle du Palais de Justice.
Là nous nous trouvons devant les procès-ver-
baux des séances, précieusement conservés avec
quelques épingles rouillées produites comme
pièces à conviction. Ces grosses signatures

laborieuses, ces autographes en caractères vieillots évoquent pour nous la présence même des personnages : les signes appuyés de l'entêtement, le tremblement nerveux de la peur sont visibles et comme vivants. Une page est tournée au nom de Corey, rappelant la plus affreuse peut-être de toutes ces exécutions.

Marthe Corey, intelligente autant que courageuse, ne se borna pas à affirmer son innocence, elle osa faire entendre qu'elle ne croyait pas à la magie ; audace presque unique, car la bonne foi des bourreaux n'avait d'égale que la superstition de la plupart des victimes. Crédule entre tous était Giles Corey, le mari de Marthe, un bonhomme de quatre-vingts ans. Ses dépositions absurdes contribuèrent à faire condamner sa femme ; quand il essaya de les retirer, il devint aussitôt suspect et fut arrêté à son tour. Alors ce vieillard, si faible jusquelà, s'imposa une expiation sublime. Il savait que le refus délibéré de répondre aux juges entraînait avec lui quelque chose de plus affreux que la mort immédiate. La punition des silencieux consistait à être *pressé* jusqu'à ce que la parole sortît, c'est-à-dire que le coupable était couché presque nu sur le sol de son cachot, sans autre couverture qu'un poids

16.

énorme, qu'on ne retirait qu'après l'aveu. Le supplice pouvait durer plusieurs jours. Corey se laissa presser jusqu'à la mort sans prononcer un mot.

Avec Arvedson, l'intérêt marche *crescendo;* c'est le plus habile des metteurs en scène. Il nous introduit ensuite à l'Essex Institut, grand bâtiment de briques qui renferme des collections d'antiquités américaines, indiscutables, celles-là. Plusieurs salles sont remplies d'armes très lourdes, de chaufferettes énormes portées autrefois à l'église par les fidèles pendant les interminables sermons, de chenets de fer, de tournebroches, d'ustensiles certainement moins curieux pour les Européens qui s'en servent encore, que pour les Américains de nos jours initiés aux plus récentes inventions en fait d'engins culinaires et autres. Assortiment complet de boucles, de parapluies, de chapeaux, de perruques, de chaussures, etc., tout cela très simple en général, la loi exigeant que la toilette fût en rapport avec les ressources de chacun, ce qui donnait lieu à des enquêtes rigoureuses : ainsi se fonde la liberté.

Une vitrine recèle quelques bijoux historiques, bagues, peignes, ouvrages en cheveux. Les meubles du temps sont représentés par des rouets, par de grandes chaises à fond de roseaux, plus deux clavecins et la table sur laquelle Moll Pitcher, la devineresse de la Révolution, disait la bonne aventure. Tout prouve l'absence absolue de luxe, une austérité générale. Mais ce qu'il y a de plus intéressant, c'est la salle des portraits : gouverneurs anglais, prédicateurs et philanthropes célèbres, magistrats des XVIIe et XVIIIe siècles.

Je n'aurais pu me figurer plus terrible l'iconoclaste Endicott, premier gouverneur de Salem, avec ses yeux saillants d'une dureté de pierre et sa face pâle d'oiseau de proie ; il est présent à trois exemplaires. Les physionomies qui se détachent des cadres vermoulus semblent se ressentir de la farouche discipline qu'il faisait régner autour de lui. Il n'y a là que des mines sévères ou renfrognées, des femmes guindées dans leurs vêtements sombres. Quelques pastels à demi effacés attestent cependant que, même alors, on pouvait posséder l'agrément de la jeunesse. Le peintre quaker, Benjamin West, nous apparaît fort laid, personnifiant l'art terne et ennuyeux ; il se hâta de passer en Angleterre où l'on sait que, favorisé par George III, il fonda l'Académie royale des Beaux-Arts, ce qui doit lui faire pardonner ses tableaux. Un portrait ridicule, — jambes torses, habit rouge, large figure commune épanouie par le contentement de soi, — c'est celui de William Pepperell. Marchand par état, il était soldat par goût ; c'est lui qui força de capituler l'imprenable Louisbourg. Le hasard l'avait servi sans doute, mais ce coup de main audacieux lui valut les plus grands honneurs militaires et le titre de baronnet. Sa suffisance et son habit chamarré tranchent sur la gravité environnante.

Quelle société maussade devaient former tous ces visages auxquels le sourire semble inconnu et que l'on dirait préoccupés de la recherche du péché irrémissible ou d'autres investigations intimes non moins désolantes ! J'ai vu peu de galeries plus caractéristiques d'une race et d'une époque. On voudrait que ces effigies des précurseurs de la Révolution américaine fussent catalogués au profit des travaux historiques de l'avenir.

Un mauvais tableau représente l'une des principales scènes du procès, l'interrogatoire de Jacobs, un vieillard infirme que sa petite-fille accusa pour échapper à la prison. Les possédées se tordent et désignent le pauvre homme à la vengeance des juges ; une furie, les griffes en avant, semble prête à se jeter sur lui. Toutes les figures expriment la peur, cette peur d'où naît la cruauté ; Jacobs, avec ses longs cheveux blancs, son air d'honnêteté parfaite, aura beau supplier, le gibet l'attend ; la rétractation formelle du témoignage arraché à une enfant de quinze ans que le remords déchire ne sera pas écoutée.

A côté de l'Essex Institut se trouve Plummer Hall, ainsi nommé du nom de son fondateur ; c'est une importante bibliothèque construite à l'endroit même où naquit Prescott. Salem, avec ses souvenirs, semblait prédestiné à produire un historien.

Nous entrons dans la plus ancienne des églises protestantes d'Amérique. Devant elle, les voyageurs du vieux monde se sentent vieux jusqu'à la caducité. En 1634, date de sa construction, nous avions laissé déjà bien loin derrière nous les siècles qui virent se développer la magnifique floraison des cathédrales, et l'Amérique se bornait encore à cette pauvre petite cabane de planches mal dégrossies ! On l'a transformée en une espèce de reliquaire, mais les reliques ne sont pas toutes purement religieuses ; les débris d'une chaire à prêcher et de vieux bancs, une table de communion brisée, qui remontent aux Puritains, côtoient le pupitre de bois massif sur lequel Hawthorne écrivait ses romans.

Quatre maisons à Salem rappellent ce nom célèbre : celle où naquit l'écrivain et qui se tient à l'écart, avec son toit « en jambe de cheval », dans une rue étroite et modeste ; celle qu'il habita par la suite, d'apparence plus bourgeoise ; le bâtiment de la Douane où, tout en s'acquittant de sa besogne terre à terre d'employé, il préparait la *Scarlet Letter*, son chef-d'œuvre ; et enfin la Maison aux Sept Pignons dont le nom sert de titre à une très forte étude de caractères. Il me semble en voir sortir un à un tous les personnages bizarres et attachants créés par ce profond psychologue, qui est lui-même bien à sa place dans l'atmosphère morose de Salem. La Maison aux Sept Pignons demeure toute pleine d'énigmes et de secrets sous les grandes branches feuillues qui l'enveloppent, presque à l'extrémité d'une rue qui aboutit au bras de mer de l'autre côté duquel se trouve Marblehead, fameux dans les fastes de l'Indépendance.

Pour finir, nous allons contempler, d'un pont à l'ouest de la ville, la montagne des Sorcières, *Gallows Hill*, où avaient lieu les exécutions. Ce sommet aride se dessine nettement sur le ciel clair : on distingue un grand espace désolé où notre imagination peut placer le gibet. Le guide précise l'endroit, car il sait tout. Il n'y avait pas d'enterrement chrétien pour les sorciers et sorcières, on les enfouissait dans quelque trou, sous un rocher ; le petit-fils de Jacobs réussit cependant à emporter sur son cheval le cadavre du pauvre vieux qui repose près de sa ferme encore debout ; et une digne femme, Rebecca Nurse, excommuniée avant de mourir par une précaution habituelle, a reçu depuis les honneurs d'un monument de granit. Parmi ces malheureux, il y eut une sainte, Mary Easty, qui, avant le supplice, adressa aux juges une humble et magnifique requête afin qu'ils lui accordassent, en échange de sa vie, la grâce d'autres innocents.

Assez de tableaux funèbres ; en voici un très différent, d'une irrésistible drôlerie ; il m'a fait éclater de rire sur le chemin même du gibet, tout à l'extrémité de ce faubourg qui rejoint par un tramway le village de Peabody, où naquit le fameux philanthrope ainsi nommé. Une enseigne bizarre se balance au-dessus d'une porte basse ; on y lit en lettres tourmen-tées *Lio Sam* et, la porte étant ouverte à cause de la chaleur, j'aperçois le plus curieux intérieur de blanchisserie chinoise, un vrai sujet d'écran : deux figures d'hommes pareils à de vieilles femmes ; l'un d'eux, accroupi derrière son comptoir, rit et se contorsionne, sa grosse tête roulante entre ses grandes manches ; l'autre s'occupe diligemment à repasser d'une main légère. La silhouette vue de dos, les épaules en l'air dans une ample camisole où toute la brise qui nous manque semble s'engouffrer, est impayable. Point de meubles, sauf un réchaud, des corbeilles éparses et partout du linge enveloppé de papier formant des paquets de formes biscornues, variées à l'infini. Il y a de ces boutiques-là dans toute l'Amérique, mais jamais Chinois n'ont jailli plus à propos pour dissiper d'un coup d'éventail les noirs fantômes du puritanisme anglo-saxon. Ce réduit tout païen me fit l'effet d'une soupape de sûreté ouverte sur des régions où il n'y a pas de terreur religieuse, pas d'examen de conscience, ni d'âme torturée par conséquent, ni de péché irrémissible, ni rien que de la couleur et de la fantaisie. Rencontrer Lio Sam, en vue de la montagne des Sorcières, me fut un soulagement inappréciable dont je reste reconnaissante à toute la race jaune.

V

LA PISCATAQUA.

Je ne voudrais pas laisser mes lecteurs sous l'antipathique impression que Salem peut donner des vieux puritains. Nous irons chercher ceux-ci dans des campagnes dont la beauté demande grâce pour leurs premiers habitants trop austères, cette beauté que reflètent certains poèmes d'Emerson. Seul il pouvait nous en faire sentir les nuances infinies, et peut-être a-t-il même contribué à la créer en lui prêtant une âme exquise ; lisez plutôt la petite pièce intitulée *Rhodora*. Ailleurs, il y a des bois et des pâturages, mais ils n'ont rien de commun avec ceux qu'a célébrés le poète par excellence de la Nouvelle-Angleterre, d'une voix à laquelle j'ai pensé tout à coup le jour où mon oreille fut surprise sous les grands pins par le chant de la grive-ermite. Chant unique, d'une solennelle douceur, d'une limpidité cristalline qui tombait à intervalles de la voûte des arbres comme une prière interrompue, puis reprise, puis lentement éteinte, en vous laissant la nostalgie de l'entendre encore. Certainement ce dut être une grive-ermite que le bon moine de la légende écouta cent ans de suite, sans s'apercevoir de la fuite des heures. Nous ne la connaissons pas en France, nous n'avons pas non plus ces bois de pins qui chantent et qui fleurissent, où l'on cueille des orchis admirables, des fraises sauvages en quantité, où la *star-flower* sème partout ses étoiles d'argent. Voilà pourquoi je reviendrai un instant à la Piscataqua.

Cette ravissante rivière, tout en décrivant de nombreuses chutes, borne le Maine à l'ouest ; il fait bon suivre ses bords du côté de South-Berwick et de Salmon-Falls. Elle court entre les bois et les pâturages. Immenses, sur les « hautes terres » qu'ils recouvrent, sont ces pâturages typiques de la Nouvelle-Angleterre, entrecoupés de rochers où les genévriers poussent par touffes épaisses. Çà et là, un cèdre battu par les vents, ou un grand sapin noir aux branches déchirées rompt l'uniformité du plateau. Des chevaux galopent en liberté; la solitude est absolue; pas un être humain. Sur les barrières grises qui bordent la prairie sont perchés des *bobolinks*, ces artistes en renom, qui, presque autant que le *mocking bird*, sont opposés volontiers à nos oiseaux d'Europe. Mais je ne connais d'eux que leur habit, un habit noir, avec petite pèlerine cendrée et petit capuchon du même ton, ourlé de jaune. Ils se taisent prudemment, comme s'ils craignaient de risquer leur réputation devant un public qui a entendu le rossignol.

Heureux les enfants qui ont pour s'y ébattre ces pâturages merveilleux où l'on découvre un monde! Je défie les voyageurs eux-mêmes, ces grands enfants, de résister à l'envie de mettre au pillage les trésors qu'ils recèlent: myrtilles, cornouilles, airelles, *checkerberry* au feuillage poivré et parfumé que l'on goûte comme un fruit, *waxberry* qui donne de la cire, ancolies d'un rouge de corail dont nous faisons des gerbes, ronces luxuriantes aux fleurs larges comme des églantines, aux traînes interminables; n'oublions pas, entre mille autres, cette fleurette délicate sobrement habillée de gris et appelée avec justesse *Quaker lady*, car elle a tout de bon des allures réservées de petite quakeresse.

Lorsque nous atteignons les fermes, espacées à de longs intervalles, elles nous apparaissent à travers les lilas en pleine floraison et les pommiers qui s'alignent autour d'elles. Très anciennes pour la plupart, elles sont du même gris que les *fences*, barrières, — le gris brillant du *white pine* alternativement lavé par les neiges et brûlé par le soleil. On les construisait sur la hauteur, l'approche des Indiens étant sans cesse guettée. J'entends à ce sujet des histoires terribles, celle entre autres d'une famille dont les descendants existent. Le mari et la femme, nouvellement accouchée, furent emmenés au Canada, chacun de son côté, par les sauvages qui avaient pillé leur ferme. En route, l'enfant que portait la jeune mère se mit à pleurer. Un Indien le saisit, lui brisa la tête contre un arbre et laissa le petit cadavre aux aigles alors très nombreux sur la Piscataqua. Longtemps après, le mari, qui avait réussi à s'échapper, retrouva sa femme au Canada où elle avait fini par se remarier, le croyant mort; il la reprit, la ramena chez lui et ils eurent beaucoup d'enfants qui firent souche à leur tour dans le pays.

La vie rurale n'a pas en Amérique l'aspect pittoresque qu'elle garde encore chez nous; les machines, sans relâche perfectionnées, y suppléent trop à l'effort des bras; là-haut, pourtant, dans les vastes pâtures, rien ne m'empêche de rêver la vie des Puritains d'il y a deux cents ans, avant les inventions et les progrès de l'industrie. Le colon de ce temps primitif fabrique tout chez lui, aussi bien le rude lainage à rayures qui, avec un grand chapeau, de longs bas et des culottes de cuir, habillent les hommes, que la grosse toile à carreaux dont sont faits les tabliers des ménagères, occupées tout le jour à filer, à tisser et à coudre dans leur intérieur. Ils sont solidement bâtis, malgré un régime plus que frugal de *porridge* et de pain de maïs. Les voici, se rendant au meeting, les vieux à cheval deux par deux, la femme un bras passé autour de son mari, les garçons et les filles, à pied, portant dans chaque main leurs souliers du dimanche. Gens trop vertueux et sans pitié pour qui ne l'était pas. Toutes leurs étroites pensées montaient vers un Dieu farouche qu'ils avaient, plus que ne le firent jamais aucuns dévots, formé à leur image; un Dieu qui défendait les spectacles, la musique, les cartes, tout ce qui n'était pas en un mot le travail et le prêche. Il reste encore une forte dose de puritanisme dans l'amalgame dont est sortie l'Amérique contemporaine, mais à titre de levure, — ce mot très juste est de M. Chapman, — il a son prix inestimable. Le jour où des terres nouvelles réclamèrent la dispersion de ces impitoyables répresseurs, leur force morale congestionnée trouva une issue, se répandit, s'infiltra dans les masses, devint bienfaisante[1].

Un de leurs plus graves défauts me paraît avoir été une disposition à incriminer les avantages que tel ou tel d'entre eux possédait sur les autres. De même qu'à Salem, le révérend Burrough fut pendu, quoique ministre, pour cause de force herculéenne, ses muscles ne pouvant lui venir que du diable, et une pauvre fille, Élisabeth How, condamnée pour le *charme* de douceur et de bonté qui attirait à elle les petits enfants, certain riverain de la Piscataqua faillit payer de sa vie l'intelligence supérieure qui lui avait fait découvrir un chemin de traverse extraordinairement court conduisant à la forêt. Nous allons profiter de ce chemin qui s'appelle encore le *Witchman's Trot*, la Trotte

1. *Emerson and other Essays,* by John Jay Chapman. New-York, 1898, Scribner.

du Sorcier, pour gagner les bois de pins où prudemment il prit le large avant d'avoir la corde au cou.

Je ne connais rien de plus délicieux que de parcourir au pas de deux bons chevaux les incomparables bois de pins du Maine. Il y a bien une douzaine d'espèces de ces arbres : pins blancs, ce que nous appelons pins du Nord, pins rouges, pins résineux, pitch-pins, *hemlocks*, le sapin du Canada, d'une moins délicate élégance, mais souvent gigantesque, d'autres encore que l'on reconnaît au nombre de leurs feuilles réunies dans une même gaine cylindrique. Il s'ensuit une diversité de structure et de nuances qui empêche que l'accusation de monotonie, généralement portée contre la forêt de pins, soit applicable ici. Le voisinage de l'eau lui prête en outre une physionomie spéciale. A travers le rideau des branches apparaît par intervalles la surface bleuâtre de la Piscataqua. Une trouée dans la muraille éternellement verte nous permet d'apercevoir telle voile blanche qui s'avance fantastique comme si elle nageait dans le feuillage.

A l'endroit où l'épaisseur du bois est plus marquée encore qu'ailleurs, Miss Jewett me dit :

— C'est ici qu'on vient en décembre couper les arbres de Noël et tous ces panaches décoratifs qui remplissent pendant la fête les maisons et les églises.

Les chevaux cependant, habitués à cet exercice, écartent de leurs têtes patientes la ramure qui partout barre le passage, et qui se referme derrière nous, car il n'y a pas de chemin apparent; la petite voiture roule sans bruit sur la mousse, et mon amie descend de temps à autre pour repousser quelque obstacle d'une main adroite et forte. La vie au grand air donne aux femmes, fussent-elles des dames, une vigueur qui passe pour être refusée à leur sexe dans les pays moins rudes et moins libres, où il ne leur est pas encore permis de compter sur elles-mêmes.

La beauté des bois de pins et des pâtures ne doit pas me rendre injuste cependant pour la côte, avec ses baies profondes, ses promontoires, ses îles et ses marais salants.

VI

LES PLAGES DU NORTH-SHORE

Tout a été dit de Newport, la reine des plages américaines, comme on l'appelle ; mais je ne crois pas qu'on ait autant parlé des bains de mer de la côte Nord du Massachusetts (North-Shore) qui n'ont à lui envier que le tapage du luxe. Personne, parmi ceux qui les connaissent, ne leur reprochera de se borner à l'élégance. Et cette élégance n'est pas extérieure seulement, elle implique aussi celle de l'esprit, les innombrables villas qui sont le séjour d'été de la meilleure société bostonienne à Manchester, à Beverly, à Magnolia, dans les localités qui se succèdent jusqu'à l'extrémité du cap Ann, se vantant d'avoir reçu, de recevoir encore les écrivains, les artistes les plus célèbres.

Voici Manchester par exemple : la plage, une plage de sable fin et blanc, a la curieuse propriété d'émettre des sons d'harmonica lorsqu'on l'agite, d'où son nom de *Singing beach*, grève chantante ; tout le rivage est bossué par de grosses roches dont la plupart supportent des *cottages* émergeant d'un fouillis de verdure. J'habite, chez une amie, l'un des mieux situés : il n'est qu'à cinq minutes de la mer, mais séparé d'elle par des bois de chênes, de hêtres et de pins d'où semblent sortir les voiles des bateaux de pêche qui s'éparpillent dès l'aube sur cette adorable baie endormie dans le calme du mois de juin. Un massif de rochers nous protège contre le vent, il est couvert de ces roses sauvages, simples, mais très odorantes qui courent ici un peu partout ; un couple de rouges-gorges, *robins*, gros comme des merles, au poitrail éclatant, vient y gazouiller sous mes fenêtres matin et soir. Derrière cet abri, la maison paraît accroupie sous son vaste toit rougeâtre à pans rompus qui s'incline vers une seconde toiture, éployée pour ainsi dire au-dessus de la piazza. Celle-ci, soutenue par des troncs de pins rouges non équarris auxquels les branches, rustiquement taillées comme au hasard, prêtent des chapiteaux, est garnie de coussins et de berceuses; on y prend le thé, on y cause, on y vit. Cette piazza enveloppe d'ombre tout le rez-de-chaussée d'où nous découvrons la mer des deux côtés. L'intérieur du cottage est décoré avec un goût sévère, sur le modèle des vieilles maisons de puritains : peinture sombre sur les murs, hautes cheminées de bois, petits carreaux de vitrage; la plupart des meubles ont été collectionnés avec soin dans les fermes d'alentour. Il s'y ajoute des objets d'art discrètement choisis, beaucoup de fleurs.

Je ne me lasse pas du spectacle dont je jouis de mes fenêtres au premier étage. L'une d'elles donne sur la pleine mer dont les vagues, très douces en cette saison, caressent une île blanche toute proche. Des cottages couleur de brique, aux toits bizarres, à pignons, à galeries, à balustres, s'égrènent parmi les roches grises et moussues. De mon autre fenêtre je découvre la presqu'île verdoyante qui cache le port de Manchester. Le clocher d'une petite église ressort sur le lointain feuillu. L'eau immobile dans une vasque arrondie fait penser à celle d'un lac.

Par le raidillon du jardin, je descends vers d'autres jardins sans clôture qui s'ouvrent avec une hospitalité familiale, tout le long de la côte. La plupart des villas attendent encore leurs propriétaires respectifs; peut-être dans un mois y aura-t-il trop d'équipages sur les routes, trop de grandes élégantes, trop de monde; profitons vite de ce moment sans pareil.

On marche au hasard au-dessus des plages qui se succèdent, toujours en vue de la mer, par des sentiers agrestes qu'envahissent la fougère odorante, le sassafras ou le laurier; libre à vous de vous reposer sous les cèdres aux branches étendues en parasol qui, plantés sur ces falaises déchiquetées que l'on dirait roussies au soleil, font penser à des pins d'Italie. Je me rappelle quelques sites merveilleux, le point entre autres où les roches forment un étroit couloir, une sorte de cañon; la marée haute s'y engouffre écumeuse à vos pieds. Tout à coup, en pleine sauvagerie, vous vous trouvez au milieu de massifs d'azalées et de rhododendrons; ce sont les parcs des chalets voisins qui descendent vers le rivage, mêlant l'art à la nature d'une façon piquante et imprévue. La merveille en ce genre est un certain parc alpestre de Beverly dont le Jardin botanique de Genève pourrait donner l'idée, s'il était possible de comparer cette collection méthodique de la flore des montagnes, cette espèce d'herbier vivant, à l'admirable désordre, qui, tout étudié qu'il soit ici, semble absolument naturel. Fantaisie sans rivale de botaniste et de poète. Je ne crois pas que l'on puisse pousser plus loin que les Bostoniens l'intelligence du décor.

Retournons à Manchester pour nous en convaincre, regardons quelques-unes des villas où l'architecture la plus capricieuse s'est donné licence, toujours en faisant servir le bois aux usages de la pierre. Celle-ci, par exemple, a le caractère de la période coloniale, laquée blanche avec une piazza qui d'un côté se trouve à la hauteur du premier étage sur la mer ; de l'autre, elle est de plain-pied avec le jardin. On entre dans un hall aux baies largement ouvertes, sans apparence de portes ; deux grands salons à droite et à gauche ; un escalier très original au milieu, dont le palier carré, visible à mi-hauteur de l'étage, est décoré, à la Véronèse, d'étoffes anciennes retombantes sur la rampe où est perché un paon décoratif. Le plus joli établissement qui se puisse imaginer est formé ainsi devant une espèce de lanterne d'où la vue est magique. Dans cette maison, les objets précieux rapportés d'Europe donnent par leur entassement pittoresque l'idée d'une razzia. Ce satin à figures en relief, accroché en guise de rideau, fut une bannière ravie à quelque couvent ; là-bas, des boiseries d'église sont converties aux usages pratiques. Tout est d'un cosmopolitisme achevé qui se retrouve chez les personnes ; la conversation effleure avec une spirituelle volubilité la chronique des vieux pays. Les hôtes de céans n'aiment et ne comprennent que ceux-là, ils entremêlent dans leurs discours l'italien et le français, comme s'il leur était plus facile parfois d'exprimer leur pensée, frottée aux pensées étrangères, dans une autre langue que leur langue maternelle qui n'a pas de mots pour toutes leurs sensations ; ils ne peuvent vivre qu'à Florence ou à Paris ; ils arrivent, ils vont repartir. On me dit que la guerre a réveillé chez cette catégorie de Bostoniens l'instinct filial pour l'Amérique, mais n'oublions pas que nous sommes en 1897, et continuons notre promenade.

A peu de distance, sur le chemin ombreux, s'arrondit une espèce de porche frangé de lianes luxuriantes. Voici une autre villa tout en tourelles et en pignons revêtus de bardeaux noirs qui rappellent exactement l'armure de schiste ajustée aux ressauts et aux encorbellements de certaines maisons bretonnes ; un arceau est jeté au-dessus de la cour. On passe sous cette voûte que rougit une vigne vierge et on entre dans un intérieur décoré de tapisseries de Beauvais, cadre charmant dédié à l'étude, — la plus confortable des bibliothèques l'atteste — et à la rêverie surtout. Comment ne pas se perdre dans la contemplation des panoramas découverts de chaque fenêtre ? Tous les genres de vues existent ici : vue sur la pleine mer, sur la campagne, sur les rochers sauvages, sur un parterre soigneusement entretenu qui côtoie un parc naturel que la main des hommes n'a jamais touché. La mer bat cette riche végétation bien à l'abri sur son piédestal de granit.

Si vous le préférez, nous pouvons nous diriger encore vers des vergers que Daubigny eût voulu peindre, où les pommiers projettent leur ombre sur un tapis de gazon. Et toujours la grève est voisine, mélodieuse et douce.

Magnolia, malgré les fleurs qui lui ont donné son nom, malgré sa belle plage en forme de croissant, malgré les rochers chantés par Longfellow, malgré l'amusant voisinage d'un campement d'Indiens du Maine — devenus fort doux et sans autre intention de pillage que leur petit commerce de paniers joliment tressés en herbes odorantes, — Magnolia, malgré ses charmes variés, n'a pas l'extrême distinction de Beverly enveloppé dans des bois admirables où ses villas trouvent l'illusion de l'isolement. Quelques-unes sont de véritables châteaux, d'autres affectent de n'être que des maisonnettes, mais partout se manifeste un goût bien individuel et une recherche exquise. La différence entre la plage de Magnolia et ses deux voisines, Beverly et Manchester, c'est qu'elle n'est pas accaparée par une coterie de choix, qu'elle se prête davantage aux simples baigneurs, qu'on y trouve beaucoup de maisons à louer, beaucoup d'hôtels. Beverly et Manchester au contraire sont des diminutifs de Boston, aussi exclusifs, aussi repliés sur eux-mêmes, aussi fermés aux intrus que peut l'être Boston lui-même.

De la piazza, où je viens de passer quelques semaines j'assiste aux feux de joie du 4 Juillet, la fête nationale. Peut-être est-elle bruyante dans les villes comme l'est le 14 Juillet à Paris ; mais ici elle n'est que poétique. Tous les jardins qui couvrent les tertres s'illuminent ; on dirait des vers luisants dans les bordures, des fruits de feu suspendus aux branches. Puis l'énorme brasier s'allume à l'entrée du village, dardant sur la mer des

lueurs d'incendie, tandis que mille fusées
rivalisent avec les étoiles et réduisent à néant
l'éclat des mouches phosphorescentes, *fire-
flies*, qui défraient notre illumination quo-
tidienne. Chaque soir la piazza est pailletée
d'étincelles, et les phares qui défendent la
côte, entre autres les deux jumeaux que l'on
nomme les Deux Sœurs, brillent les uns fixes,
les autres à éclipse. Mais aujourd'hui tout est
en feu pour fêter l'ère de la liberté américaine. Les hôtes des bois voisins en sont épou-
vantés, et le lendemain nous trouvons collées
aux vitres diverses espèces de papillons peints
de nuances que les plus belles fleurs pourraient
envier; éperdus, ils sont venus se réfugier sous
l'auvent de la piazza.

La population de Manchester n'a rien épar-
gné pour cette manifestation patriotique.
Curieux petit village qui possède une bibliothèque digne d'une ville importante et des
églises-chalets de toutes les dénominations;
baptiste, unitairienne, congrégationaliste, épis-
copale, catholique. Je vais à cette dernière, où
j'entends un bon prêtre extraordinairement
énergique tonner contre les bicyclettes, en
accusant les jeunes filles de n'avoir que des
roues dans la tête, jeu de mot qui fait sourire

ces demoiselles, des petites ouvrières en chaussures, *wheel* voulant dire, par extension, étourderie, billevesée. C'est le jour de la première communion qui est donnée à cinq ou six enfants dont le type quasi arabe me frappe tout d'abord ; une colonie portugaise a fourni jadis cet appoint, d'ailleurs peu considérable, de catholiques.

Aux petites filles, noires comme des mouches et couronnées de roses blanches, le prêtre fait promettre solennellement de ne boire aucune boisson fermentée jusqu'à leur majorité. Ce post-scriptum au renouvellement des vœux du baptême m'étonne un peu. Les catholiques ne sont ni nombreux, ni riches, ni très éclairés à Manchester. Ils appartiennent tous à la classe inférieure, je le devinerais en regardant les vieux, mais la mise des jeunes filles me ferait supposer tout le contraire. Une bonne partie de ce qu'elles gagnent passe en chiffons.

Que doivent penser de cela les ancêtres puritains ? Qu'en eût dit le Salem de 1692 ? Il n'est pourtant qu'à une heure de distance de Manchester, de Beverly et de Magnolia.

VII

LE « COMMENCEMENT » A CAMBRIDGE

Je ne finirai pas le récit de ce mois de juin dans la Nouvelle-Angleterre sur un tableau de modernité esthétique : l'une de mes dernières et plus vives impressions ne fut que très relativement mondaine. Je l'éprouvai à l'Université de Harvard le jour de la distribution des diplômes. Il y a cent ans, le *Commencement* de Harvard College était la grande fête populaire de l'État de Massachusetts ; elle débordait sur le terrain communal comme jadis chez nous la foire du Landy. Telle qu'elle s'offre à moi dans la magnifique salle Sanders, elle a un caractère plus intime. Les invités, pourvus de cartes, envahissent le Memorial Hall, le grand édifice commémoratif élevé à la mémoire des membres de l'Université qui périrent à la guerre. Ce Hall renferme, outre un vestibule grandiose décoré de tables de marbre portant les noms des victimes, outre la grande salle des portraits où un millier d'étudiants prennent chaque jour leurs repas, une salle de spectacle, le Sanders Théâtre, destinée aux grandes cérémonies. Sur la scène figurent aujourd'hui, (30 juin 1897), le président, les administrateurs et les professeurs de l'Université. Les lauréats remplissent le parterre; dans les galeries se presse la meilleure société de Boston et de Cambridge. Discours du président, lectures d'autres discours anglais et latins prononcés par les nouveaux bacheliers, licenciés et docteurs. Défilé des jeunes gens qui montent les degrés pour recevoir leurs diplômes. Si l'on songe que près de trois mille étudiants sont répartis à Harvard dans les facultés des lettres et des sciences, de théologie, de droit et de médecine, on comprendra que la liste doive être longue.

Un étranger trouve beaucoup d'intérêt à cette nombreuse réunion, au spectacle donné par toute cette robuste jeunesse, à qui le surmenage paraît être inconnu, grâce à l'habitude des jeux athlétiques alternant avec les efforts du cerveau; mais enfin dans tous les pays du monde, il y a des distributions de prix équivalentes. Un *Commencement* plus nouveau pour moi fut celui de l'Université de Radcliffe, l'annexe féminine de Harvard. Il avait eu lieu la veille, 29 juin, dans ce même local, et l'aspect d'ensemble était rendu beaucoup plus riant par la prédominance des jolies figures, des jolies toilettes. Les graduées, à qui la toge et le bonnet carré prêtaient un petit air très coquet de travestissement, entrèrent les premières, à la suite de leur présidente madame Agassiz, la veuve du grand naturaliste, sa collaboratrice pour le *Voyage au Brésil*, et de Miss Agnès Irwin, la doyenne *(dean)* de Radcliffe, l'une des personnes qui donnent l'impulsion la plus sage et la plus forte aux progrès de l'éducation des filles. Le comité des dames directrices, M. Arthur Gilman qui se dévoua si activement à la formation du collège dont il est le régent, et les représentants officiels de l'Université de Harvard, prennent place aussi sur l'estrade où les blanches toilettes de ce qu'on me dit être le *Glee Club*, le Club de la Joie, apportent une note brillante et gaie.

Le doyen de la faculté de théologie prononce la prière d'usage, puis les gracieuses personnes, au nombre de quarante, en qui s'incarne si bien la Joie, chantent la dixième ode du second livre d'Horace, *Rectius vives, Licini...* à la louange de la médiocrité.

Madame Agassiz, très imposante, en velours noir, s'approche alors d'une petite table qui porte une rose rouge et une rose blanche, les couleurs de Harvard et de Radcliffe. Sans la moindre pédanterie, comme elle parlerait dans son salon, elle passe en revue l'œuvre accomplie pendant l'année. On sait comment s'est fondée cette université féminine, sortie tout naturellement de sa grande sœur aînée. Il a fallu deux siècles pour que l'on reconnût que les jeunes filles avaient autant de droits que leurs frères à d'excellents professeurs et à une admirable bibliothèque. Cependant la coéducation, qui réussit dans l'Ouest, n'obtenait pas les suffrages des Bostoniens très européanisés sous beaucoup de rapports. L'idée vint à de bons esprits de réunir deux collèges distincts sous les auspices d'une même faculté ; on la mûrit, on la discuta longtemps, cette excellente idée, car en 1878 seulement elle se réalisa ; même l'incorporation proprement dite n'eut lieu qu'en 1894, après dix-sept années de succès soutenus.

Depuis lors le président et les agrégés de l'Université de Harvard, qui déjà patronnaient l'Annexe, sont devenus responsables des diplômes accordés aux étudiantes. Celles-ci, sans être assises sur les mêmes bancs que les étudiants, ont part dans une large mesure aux mêmes privilèges. Un groupe de dames, appartenant au meilleur monde, veille sur elles de la façon la plus maternelle dans le collège même et hors de lui, s'intéressant à leurs travaux, les aidant à organiser leurs plaisirs, les recevant avec aménité, leur offrant les inestimables avantages du contact et de l'exemple.

Voilà ce que ne rappelle pas madame Agassiz qui eut dans ces développements une trop belle part pour vouloir en faire l'éloge. Elle expose les progrès matériels du Collège grandi par des acquisitions de terrains considérables, elle parle du besoin pressant de créer de nouveaux laboratoires et annonce les généreuses donations faites par certains particuliers en vue de créer des bourses.

Les noms d'une trentaine de bachelières et d'une demi-douzaine de licenciées sont proclamés. Elles défilent devant leur présidente qui remet à chacune un parchemin. J'aurais voulu de profondes révérences, mais il faut bien que les pensionnaires de nos pauvres vieux couvents aient au moins un petit avantage sur leurs triomphantes rivales : ce joli plongeon au plus profond des jupes que nous a légué le menuet.

Madame Agassiz parle en termes chaleureux de miss Kate Peterson qui, ayant rempli toutes les conditions nécessaires pour atteindre au doctorat en philosophie, n'a pu cependant obtenir ce diplôme ; il n'est pas accordé aux étudiantes de Radcliffe. Les flatteuses attestations de ceux-là même, qui lui refusent un titre mérité se mêlent aux compliments que miss Peterson reçoit de ses compagnes. Je demande à lui être présentée, et je suis frappée de sa simplicité parfaite. Il n'eût tenu qu'à elle d'aller demander à une autre université le diplôme en règle qu'elle n'aura pas dans celle-ci, mais elle s'en est gardée, satisfaite d'avoir été à l'honneur, fût-ce sans profit. Au fond, une simple certificat de Harvard vaut tous les brevets du monde, et miss Peterson ne se laisse pas tenter par des mots. Elle compte parmi ces jeunes filles, de plus en plus nombreuses, qui travaillent pour le plaisir de travailler, qui tiennent à la culture pour la culture elle-même. Avec ses joues roses, son frais sourire, cette gentille philosophe est une preuve vivante de l'excellente éducation qu'on reçoit à Radcliffe. Un prix spécial va lui permettre de se reposer en voyageant. Le prix de deux cent cinquante dollars (douze cent cinquante francs), réservé au meilleur essai en langue anglaise, est décerné à une bachelière, miss Dix, qui a écrit déjà plusieurs pièces, jouées sur la scène de l'*Auditorium*.

Puis les chants recommencent, les serrements de main ; de joyeuses et cordiales conversations s'engagent, chacun paraissant oublier qu'il y a là une plate-forme et sur la plate-forme un escadron de savantes. Ce ne sont que de vraies jeunes filles aussi gaies, aussi naturelles qu'elles pourraient l'être au bal. L'influence de leurs patronnes et amies, qui n'ont rien de commun avec les institutrices de profession, mais qui possèdent l'usage du monde, l'expérience de la vie, est certainement pour beaucoup dans cette attitude ; elle obtiendrait grâce auprès des plus farouches contempteurs de l'instruction supérieure des femmes. Puissent nos doctoresses de l'avenir ressembler à miss Kate Peterson si parfaitement féminine dans sa souriante acceptation d'une différence injuste au fond !

L'absence de formalisme du « Commencement » de Radcliffe opposée à la pompe un peu emphatique du « Commencement » de Harvard, marque assez qu'aux États-Unis comme ailleurs les femmes de goût cherchent à se faire pardonner ce qu'elles savent. Plus la femme sera l'égale de l'homme, moins elle s'efforcera de le paraître. Les voix charmantes du *Glee Club* nous le chantaient tout à l'heure, avec le vieil Horace :

Sache replier tes voiles enflées par un vent trop favorable.

Tout en repliant prudemment ses voiles, la nef de Radcliffe College est sûre, beaucoup plus que certains navires trop orgueilleux, — ou trop pressés, — d'arriver glorieusement au port.

VIII

ENTRE VOISINS

Je laisse le lecteur tirer les conclusions qu'il voudra de ces notes prises un peu au hasard, chemin faisant, et me bornerai à indiquer sur une dernière page quels sont les sentiments réciproques de la Nouvelle-France et de la Nouvelle-Angleterre.

Ils n'ont au fond rien de sympathique, quoique Francis Parkman, un brillant écrivain dont s'enorgueillit très justement Boston, ait contribué plus que personne à mettre en lumière le Canada par ses travaux devenus célèbres : *les Pionniers français dans le Nouveau monde, la Découverte du Grand-Ouest, les Jésuites dans l'Amérique du Nord, la Conspiration de Pontiac,* etc. Il y a là une série de beaux livres écrits dans le style vivant et coloré qui fait comparer leur auteur à Washington Irving, et palpitants d'intérêt, en outre, à l'égal des romans d'aventure les mieux machinés, quoique la conscience et la probité historique comptent parmi les qualités maîtresses de Parkman. Les Canadiens le reconnaissent, mais ils lui reprochent cependant de n'avoir pas su choisir les matériaux qui s'offraient à lui et qu'il étale avec une irritante impartialité, contribuant ainsi, prétendent-ils, à répandre beaucoup de calomnies; en outre, il est protestant, il examine les événements au point de vue purement humain ; il écarte les motifs surnaturels, le miracle, la suprême beauté de la légende. Parkman est donc pour les Canadiens un de ces alliés dangereux, mais puissants, dont on se targue tout en se méfiant de leurs bons offices. Ils ne lui pardonnent pas d'avoir représenté le gentilhomme de chez eux en bandit, un fusil à la main, le crucifix au cou, sortant de la forêt avec une troupe mêlée d'Indiens hurlants, en peinture de combat, et de Français presque aussi sauvages qu'eux, pour fondre comme un lynx sur quelque ferme ou quelque hameau écarté de la Nouvelle-Angleterre. Et Parkman ajoute :

« Combien la Nouvelle-Angletere le haïssait, que les chroniques le disent. Les taches de sang les plus rouges sur nos vieilles annales, marquent la trace du gentilhomme canadien. »

Voilà pour le Canadien d'autrefois qui, comme le font remarquer ses défenseurs, eut d'autres procédés de guerre pourtant à la Monongahela, à Oswego, à Carillon, à Montmorency, à Sainte-Foy, partout où furent battues les troupes anglo-américaines.

Sur le Canadien d'aujourd'hui, écoutons le romancier qui tient le premier rang auprès de Henry James, William D. Howells. Dans *Their Wedding Journey* qui, sous prétexte de voyage de noces, est un véritable Guide en Canada, il rend pleine justice aux beautés pittoresques du pays, mais il insiste d'une façon désobligeante sur l'apparence lourdement rustique des habitants, sur l'alliance mal assortie de leur tendresse pour la France et de leur fidélité à l'Angleterre :

« Cette fidélité, dit-il, place un pays énorme comme le Canada dans l'attitude ridicule d'un grand garçon collé aux jupes maternelles et sans caractère à lui. C'est une vie commode, paisible et irresponsable qu'il mène, sans doute, mais il y manque cette grandeur qu'aucune

prospérité matérielle ne peut donner, toute situation volontairement subordonnée étant ignoble. Malgré soi, on sent qu'il n'a pas de bases solides dans le Nouveau Monde et qu'il n'en aura pas tant qu'il n'aura point secoué la tutelle anglaise. »

Il faudrait mettre ici les véhémentes ripostes lancées par le Canada : « C'est cela ! nous débarrasser de l'Angleterre pour nous livrer aux États-Unis qui nous guettent, aux États-Unis hérétiques et républicains, ingrats par surcroît, car ils sont toujours, prêts à oublier que leur indépendance ils la doivent à la France ! Que lui ont-ils rendu en échange ? La Révolution et ses crimes, car l'Indépendance de l'Amérique a préparé la Révolution française, comme la guerre d'Italie prépara les désastres de 1870. Pauvre France, toujours dupe de sa générosité ! On l'exploite et on la renie. Nous donner aux États-Unis ! Mais les États-Unis ne nous ont fait que du mal ; leurs manufactures nous ont enlevé un demi-million d'hommes dans la force de l'âge, dont l'exemple est un malheur pour nos campagnes. Imiter seulement les États-Unis serait le grand péril de l'avenir... Nous donner à eux ! Le ciel nous en préserve ! »

Howells a répondu d'avance avec une ironique et dédaigneuse sagesse : « Ce serait grand dommage en effet d'arracher le Canada à sa mère simplement pour le réunir à un demi-frère peu sympathique tel que nous... Il y a des expériences qui ne nous sont plus possibles et qu'on peut encore tenter là-bas au profit de la civilisation. Mieux vaudraient deux grandes nations côte à côte que l'union de traditions et d'idées discordantes, mais nous n'en disons pas moins au jeune géant retardataire qui se tient entre le Saint-Laurent et les Lacs : « Coupez une bonne fois les cordons du tablier, les, lisières de l'obéissance, et, qui que vous soyez tâchez d'être vous-même. »

Que je continue mon rôle d'écho, et vous entendrez un prêtre éloquent qui, sur le terrain de l'histoire, s'est fait l'avocat de son pays, répliquer de la belle manière :

« S'il demeure un seul Anglais sur le continent d'Amérique, c'est la faute de votre fanatisme puritain. Sans lui, nous vous suivions, en 1775. Pourquoi, dans son étroitesse, ne nous a-t-il pas garanti la conservation du peu de libertés qui nous restaient ? »

Mais inutile de prolonger la querelle ; il n'y aurait pas de raison pour qu'elle cessât, chacun ayant à dire son mot : Canadiens et « Bostonais » se reprocheraient véhémentement par-dessus la frontière, ceux-ci un manque absolu de culture et de distinction, ceux-là leurs instincts de parvenus, ce qui n'empêche pas les uns d'aller chercher à Montréal et à Québec le reflet et le souvenir de l'Europe lointaine, ce parfum d'un long passé qui leur est si cher, et aux autres d'envier quelque peu les merveilles d'industrie qui ont produit si près d'eux une écrasante richesse.

Je trouve difficile et intéressant d'imaginer ce que pourra bien devenir le Canada — créé par nous et conservant notre empreinte, habitué par l'Angleterre à l'exercice de la liberté, instruit par le voisinage d'une république des résultats, bons ou mauvais, de la démocratie, — le jour où il se décidera, ayant sagement éprouvé ses forces, à marcher enfin tout seul.

Quand sera tout à fait caduque l'Europe épuisée, qui sait quel glorieux avenir peut être réservé encore à cette France d'Amérique ?

FIN

TABLE

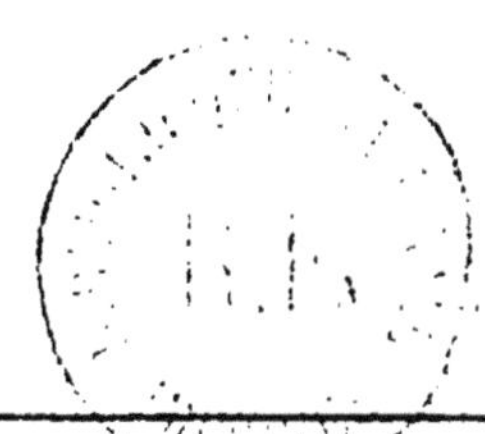

IMPRIMERIE CHAIX, RUE BERGÈRE, 20, PARIS. — 23004-10-98. — (Encre Lorilleux).

www.ingramcontent.com/pod-product-compliance
Ingram Content Group UK Ltd.
Pitfield, Milton Keynes, MK11 3LW, UK
UKHW021049150726
13693UKWH00007B/175